韓国の民話伝説

崔常植（チェ・サンシク）著
金順姫（キム・スンヒ）訳

東方出版

出版に臨んで

一般に歴史として認識している正史の記録は、実は、王族や貴族、ヤンバン（両班：高麗時代、朝鮮王朝時代の支配階級をなした世襲的地位や身分を持った上流階級）など、少数のエリート層に関して記述されていると考えてよいであろう。では、支配層の下で黙々と忍従の生活を続けてきた多数の被支配者層、つまり庶民たちの生の痕跡は何を通して探し出すことができるであろうか。伝説、民話、神話、説話こそがこの地に定着して生活してきた庶民大衆の人間の生活を推し量ることができる資料ではなかろうか。このような素朴な思いから一九九七年ＫＢＳドラマ『伝説の故郷』を企画することになった。素材発掘のため古書を読み漁り、伝説の現場を踏査し、村の長老たちから直接聞き出して採録する過程を経ながら、伝説、民話、説話は正史以上の価値を持つ庶民たちの歴史そのものであることを改めて認識するようになった。

テレビが家族の団欒の中心となり、私たちはおばあさんの膝枕で寝ながら昔話を聞いた情緒を忘れ去ってしまった。そして、囲炉裏を囲んで睦まじく談話をする語り合いの追憶も失ってしまった。足を切断した患者は、時々切断された部分に痒みを感じることがあると言う。現代を生きる韓国人は、この切断された足のように喪失されてしまった韓国的なものに対する幻想的な痒みを感じながら生きているのかもしれない。そのような喪失感と渇きが『伝説の故郷』の一一年にも上る長期間にわたる上映を可能にした原動力になったのではないだろうかと思う。

『伝説の故郷』を制作している間、筆者は素材発掘のため、全国を歩き回り、そして古書を読み漁った。特に、全国各地から送られてくる視聴者の情報や投稿が何よりも大きな助けとなった。韓国人が住む韓国の話は全て網羅してしまったような資料の山の中に埋まり、まるで伝説の海を遊泳する一匹の小さな魚のような心情で素材発掘のための踏査を続けた。

伝説は一つの暗号である。それは単純な話以上の意味がある。神話伝説を通して人々は先祖たちが宇宙や人間界を認識した巨大な想像体系を照明することができ、また庶民の切迫した生の中で胚胎した夢と情と怨み・ハン（恨）の世界を感知することができるであろう。

韓国の伝説の中で、隠喩と象徴性が豊富で、韓国的な情緒を充分に反映し、韓国人でなければ想像しがたい物語の世界と思われる代表的な伝説を論議の主題にした。そして韓国人の生の中に溶け込んでいる韓国式の物語の構造の特徴を分析し、物語の原型としての韓国の神話伝説をどのようにこの時代に繋ぎ、文化コンテンツとして世界に通じるものにするための道が何であるかを考えながらこの作品を書いた。

テレビドラマ『伝説の故郷』が始まった時から『韓国の民話伝説』に至るまで精神的な防壁の役割をしてくださった作家イム・チュン先生、そしてこの本が出版にこぎつけるまで後押ししてくださった美術評論家のキム・チョングン様、お二人の厚い友情に深く感謝するしだいです。

●目次

Ⅱ　孝行・貞女譚　91

Ⅲ　霊魂譚　129

I　変身譚

1 蛇の新郎

昔、忠清道に姓が申《シン》という老婆が住んでいた。彼女は一生の願いが子供を産むことだったのだが、夫と早く死別し、再婚の話もなく寂しく孤独に年老いていく身の上だった。

ある日、麦畑で黒穂を抜いていた老婆はおかしな一つの卵を見つけた。雉の卵や鶏の卵よりは大きくてはじめて見る卵だった。鳥の卵なら少なくとも二つ以上あるはずなのに一つだけぽつんとあるのもおかしなことだった。老婆はその卵が見捨てられた孤児のように可哀想に思えて拾って家に持って帰った。

彼女は卵を綿で包んで部屋の暖かいところに置き、朝夕面倒を見た。そして夜になると親鳥のように卵を懐に抱いて寝た。時間が経つと卵の中で生命が胎動する気配を感じた。そうなると老婆は寝食も忘れて卵を懐に抱いたまま卵が孵化する瞬間を待ち続けた。

そして数日後、村に妙な噂が立ち始めた。六〇歳を過ぎた老婆が子供を産んだのだがその子が顔立ちの整った玉のように可愛い男の子だとか、怪物だとか、全く見当のつかない噂が入り乱れた。村の有力者である金進士《ジンサ》（科挙で小科や進士試験に及第した人）家の三人姉妹がこの噂の真相を知るために老婆の家を訪ねることにした。かつて金進士家で乳母として働きながら三人姉妹の世話をした老婆は彼女たちに格別な愛情を示していた。

「おばあさん、いらっしゃる?」

枝折り戸の外で三人姉妹が声を合わせて呼ぶと、老婆はうれしそうに飛び出してきた。

「まあまあ、お嬢さんたち、どうして来たの? また、昔話を聞きたくて来たんでしょ!」

老婆の声は意外にも生き生きしていて、明るい表情だった。

「おばあさん、赤ちゃんを産んだんですって?」

「玉のように可愛い男の子なんだって?」

「ほんとう?」

三人姉妹が一斉に聞き始めたので老婆はあきれた様に笑った。

「そうだよ、玉のように可愛い男の子を産んだよ。部屋の中にいるから入って見てごらん」

長女と次女が先を争って部屋の中に入った。そしてしばらく後で、悲鳴が聞こえた。

「キャッ! へ、へ、蛇じゃない!」

「あれえ、気味悪い!」

叫び声を聞いて三女が部屋の中に入っていった。部屋の奥に客用の座布団が敷かれていてその上に幼い蛇がとぐろを巻いていた。三女の名前はチンジュ(真珠)といって、名前のように美しく、心の優しい少女だった。幼い蛇は小さな頭を持ち上げて静かにチンジュを眺めた。黒曜石のようなその目が彼女の心の奥まで見通すようでチンジュは胸がどきどきし始めた。

「ほんとうに可愛い坊ちゃんをお産みになったのですね」

チンジュが頭を撫でると幼い蛇はうれしそうに体をくねらせた。

「あのぞっとするような醜いものをみて可愛いなんて、気がおかしくなったんじゃない?」

外に出るや否や姉たちは彼女を非難し始めた。ところがチンジュは何ともなかった。いくら取るに足らないものだといってもその前で侮辱をする姉たちの態度が納得できなかったためだ。

その後、老婆には蛇の母さんというあだ名が付けられたが、老婆は全然気にしなかった。老婆の心のこもった慈しみの中で蛇はどんどん大きくなった。普通の蛇のように蛙とか野鼠などを食べることもなく、小鳥やひよこをからかったりもしなかった。老婆の家の蛇は霊物で早朝に葉に宿る露だけを食べて生きているという話までされていた。

成年に達した蛇は老婆に進士家の三女と結婚したいので求婚して欲しいとねだった。そんな話が世間に通るかと何度もたしなめたが、蛇は諦めることなく言い張った。どうしようもなく老婆は進士の家を訪ねた。

「何だと、目に入れても痛くない娘チンジュを蛇に嫁がせろと！」

怒り心頭に発した金進士は怒りを抑えられないかのように下人に命じて老婆を叩きつけた後、家の外に放り出した。その後、蛇はもうそれ以上結婚の話は口にしなかった。

そんなある日、金進士が病気になったという噂が広まった。清明の日、墓参りに行って毒蛇に噛まれてしまい、どんな薬も効き目がなく、ただ、死ぬ日を待つのみだという噂だった。蛇は老婆にもう一度金進士家を訪ねていくよう頼み込んだ。三姉妹の中で一人の娘を嫁にくれたら解毒剤を上げると話してほしいというのだ。

金進士は噂どおりに体中に毒が回り、危篤状態だった。老婆の提案を聞いた彼は仕方なく三人姉妹を枕元に呼び寄せた。

「この父のために誰か蛇の嫁に行ってくれるかい？」

「私にあの気味悪い恐ろしい畜生と暮らせというのですか？」

長女は身の毛がよだつといった風に体を震わせた。

「死んでも蛇には嫁に行くことはできません！」

次女は大声で泣き出した。

「チンジュ、お前もそう思うのかい？」

金進士は、日頃一番可愛がっていた三女を眺めた。

「お父様、心配なさらないでください。私が嫁に行きます」

チンジュの言葉に金進士はやっと安心して涙を流した。

月も星も出ていない晦日の夜、金進士家の門が静かに開いて輿一つが出てきた。輿の中には新婦の装いをしたチンジュが乗っていた。蛇がくれた解毒剤で金進士が全快したので約束どおりに蛇の妻になるべく行こうとしていたのだ。姉たちの泣き声が塀の外まで漏れてきていたが、新婦はすでに覚悟ができているかのように淡々とした表情だった。輿が老婆の家に到着すると初夜を迎える部屋に案内された。藁葺きのあばら家とはいえ新婚の部屋はどの家のそれに劣らないくらい豪華に美しく設えてあった。

「新郎は入浴中だからしばらく待っていなさい」

老婆は新婦の緊張を緩めようとするかのようにお酒を一杯ついだ後、部屋を出て行った。しばらくの間待っていても蛇の新郎は現れてこなかった。新婦は一口お酒を飲むと少し気が楽になった。夜が更けていき、お酒のせいか眠気を催し始めた時だった。部屋の戸が静かに開き誰かが入ってくる気配がしたので新婦は眠い目をこすりながらその姿を眺めた。蛇ではなかった。人間だった。それも余りにも立派な青年の姿だったのである。

「あなたは……？」

「あなたのために脱皮して新しく生まれ変わったのです。これを見なさい」

新郎は五色の模様のある蛇の抜け殻を見せてくれた。

「まあ、美しいこと」

新婦は夢を見るように新郎を眺めた。

「私はあなたに会うためにこの世に来たのだ」

「あなた！」

新郎と新婦はしっかりと抱き合って一晩中愛を交し合った。

人間に生まれ変わった蛇の新郎は優しく義侠心が強く、学問にも造詣が深く人々は彼を申ソンビ（学識はあるが官職に就かない人）と呼んだ。申ソンビは自然を愛した。彼が森の中で笛を吹くと花や鳥や獣がいっしょになって歌った。そんな時はいつもチンジュは笛の音にあわせて踊り、自然と渾然一体となって恍惚境に陥った。そんな日が過ぎていき、申ソンビは科挙を受けるために漢陽に発つことになった。彼は蛇の抜け殻を妻に渡しながら何度も念を押すように頼んだ。

「これは私の出自を示すものだ。しっかりと守っていなさい。これが無くなると私は再びお前のところに戻れなくなるんだ」

チンジュは夫の出自の証である抜け殻を抱きしめて別れの涙を流した。

申ソンビが出発した後、チンジュは抜け殻を無くさないようにいつも身につけ、夜は抜け殻を懐に抱いて夫の体臭を感じながら寝入ったりした。そんなある日、姉たちが訪ねて来てチンジュに酒を飲ませた。チンジュが酒に酔って気を失うと、チンジュの体中を探り始めた。蛇の夫から何か神秘的な宝物をもらって身に付けているだろうと考えたからである。チンジュが幸せに暮らしている様子を見て妬みと嫉妬に燃えていた彼女たちは、チンジュが下着の中に隠しておいた抜け殻を探し出してかまどに放り込んで燃やしてしまった。ちょうどその頃、漢陽に向かって急いでいた申ソンビは何か燃える臭いを嗅いだ。生臭く吐きそうなその臭いを嗅いだ途端、自分の抜け殻が燃えているのを直感した。手足がねじれて激痛が走った。

「ああ……、チンジュ……！」

悲鳴と共に申ソンビは闇の奈落の底に落ち込んだ。

三年という月日があっという間に過ぎていった。チンジュは旅立ちの準備をしていた。夫の申ソンビを探し出すまでは死んでも帰ってこないという必死の覚悟をして、老婆に暇乞いをした。そして山の峰に登り、煙を燻らせて風の神に希った。

「風の神様、申ソンビが行ったところを教えてください」

チンジュの祈りが終わるや否やつむじ風が起こったかと思うと煙を巻き起こしながら北の方に吹いていった。チンジュは峠を越え、川を渡って野原を横切りながら風を追いかけていった。風は彼女を葦の原まで案内して去ってしまった。日は西の山に傾いていた。足は痛むしお腹も空いたチンジュは葦の原の中に入っていった。びっしりと生い茂った葦が垣根の役割をしてくれて一晩寝るのにぴったりだった。肩に背負った包みの中から老婆が包んでくれた炒った豆の袋を取り出し食べようとすると、すずめが飛んできた。豆を分けてあげると彼女の掌の上に止まって豆をつつき始めた。チンジュは持っていた豆を全部お腹を空かしたすずめにまいてやった。

あくる日も風は北の方に吹いていた。チンジュは休むことなく歩き続けた。切り立った険しい絶壁を登り険しい山の中腹を越えると一頭の虎が現れた。

「ウオー！」

虎は恐ろしい叫び声を上げながらチンジュに近づいてきて大きな口を開けた。よく見ると虎の喉に何かが引っかかっているようだった。チンジュは怖がりもせず虎の口の中に手を入れて喉の中に詰まった物を取り出してあげた。それはハリネズミだった。お腹の空いた虎がそれと知らずハリネズミを飲み込んでしまったのだ。

「どんなに痛かったことでしょう?」

チンジュがやさしく撫でてあげると虎は有難いというように背中をこすりつけて自分の背中に乗れというしぐさをした。チンジュは未だに怖気づいて蹲っているハリネズミを森の方に放してやって虎の背中に乗った。虎は飛ぶように疾走した。シュウーシュウーとかすっていく風の音と共に周囲の風景が矢のように過ぎ去っていった。一昼夜をずっと休む間なく駆け続けた後、虎は大きな洞窟の入り口でチンジュを降ろして別れの挨拶をした。チンジュが洞窟の中に入っていくとシュルシュルという音といっしょに四方から多くの蛇が這ってきて前を塞いだ。その中で最も大きくて恐ろしく見える黒い蛇がチンジュの前に近づいて頭をすっくと立てて威圧してきた。

「ここは人間が来れない所だ。退いていかないと噛み殺すぞ!」

「私は申ソンビの妻です。夫を探さなければなりません」

「申ソンビ?」

黒い蛇が蛇の群れを振り返ると蛇たちは一斉に叫び声を上げた。

「わーい、わーい、申ソンビ、わーいわーい地下の国の王子、申ソンビ!」

すると黒い蛇の顔色が変わり、態度が急に和らいだ。

「あなたが申ソンビの夫人である証拠があるのか?」

チンジュが懐から小さな笛を取り出し、申ソンビから習った曲を演奏し始めると、蛇たちは「わーいわーい、地下の国の王子、申ソンビ！」を連呼しながら笛の音に合わせて頭を振り、体をくねらせながら踊った。演奏が終わると黒い蛇はチンジュを洞窟の向こうの世界まで案内してくれた。

そこはすべてが灰色の世界だった。空も地面も太陽までが灰色だった。黄土の風が吹いている道に沿ってチンジュが歩いていくと、古木の上に巣を作っているカササギが見えた。チンジュはカササギに道を尋ねた。

「黒いカササギさん、申ソンビがいるところを教えておくれ」

「ただではだめだよ。僕の巣を作ってくれれば教えてあげるよ」

チンジュが枯れ木を集めてきてカササギの家を頑丈に作ってあげると、カササギは礼を言いながら丘の向こうに続いている道に沿っていけば良いと教えてくれた。チンジュが丘を越えると髪の毛が真っ白な老婆が川べりで洗濯をしていた。

「おばあさん、申ソンビが住んでいる所はどこですか?」

「申ソンビだって?」

おばあさんは耳が遠いのか、何度も聞き返したすえに、洗濯をしてくれたら教えてあげるといった。

「この白い布を黒くなるまで洗わないといけないよ」

そこはすべてのものがこの世と違っていた。白い服を好むこの世の人たちとは違って黒い服ばかりで、獣たちも人間と全く同じく口を利く世界だった。チンジュは日が暮れる頃になってやっと洗濯を終えることができた。老婆はたいへん満足したように申ソンビの身の上についてたくさんの話を聞かせてくれた。

元々地下の国の王子だった申ソンビは、父王が蛇の国の皇女と政略結婚をさせようとしたので、王室の宝物殿から変身と遁甲を可能にする五色の蛇の抜け殻を盗み出して、憧れていた下界へと逃亡してしまったのだ。ところが五色の抜け殻が燃えてしまったので身分が露出してしまい、父王に捕まり罰を受けている最中だという話だった。

「申ソンビは湖畔の緑の宮殿で蛇の国の皇女といっしょに暮らしているよ。皇女はニシキヘビの化身で毒蛇より恐ろしい女だ。耳を貸してごらん」

老婆はチンジュの耳元で申ソンビに会うことができる方法と蛇の皇女を相手に闘う智恵を教えてくれた。

緑の宮殿は蓮の花が満開の湖の真ん中に位置していた。虹の橋を渡って緑の宮殿に到着したチンジュは老婆が教えてくれた通りに正門の前に行って物乞いをした。

「どうぞお恵みを、お恵みを！」

中からは何の反応もなかったが、チンジュは諦めないで叫び続けた。しばらくして、門が開いたかと思うとひさごを持った下女が出てきて物乞い用の袋にお米を注いでくれた。ところが米はそのままザーと地面にこぼれてしまった。袋の底にそっと穴を開けておいたからである。チンジュはほんとうに驚いた振りをしながら地面に落ちた米を一粒一粒拾い始めると、下女も気の毒に思ったのか手伝ってくれた。全部拾い終えたころにはもうすっかり夜が更けていた。チンジュは足をバタつかせながら夜道が怖くて帰れないので軒先でも良いから一晩だけ泊めてくれと必死で哀願した。下女はチンジュを庭の片隅にある使用されていない馬小屋に案内した。

「ここで一眠りして夜が明ける前に帰りなさい。ご主人様に見つかるとただでは済まないから格別に注意するようにしなさい」

下女が出て行った後、チンジュは目を上げて母屋の方を眺めた。あのどこかの部屋に申ソンビがいるのだと思うと胸がときめいた。どんなことをしても夜が明ける前に彼に会わなければならなかった。チンジュは笛を吹いた。以前夫が吹く笛の旋律に合わせて踊ったことが思い出されて涙が溢れた。情趣に充ちた笛の音は夜の帳を通して緑の宮殿の奥の間にまで響いていった。

申ソンビは病に臥していた。父王に捕まってきて心にもない蛇の皇女と結婚するしかなかった申ソンビは生きる望みを失っていた。この世に残してきた妻恋しさに眠れぬ夜を重ねていた彼は笛の音を聞いて自分の耳を疑った。それは申ソンビとチンジュだけが演奏できる曲だったのだ。いったい誰があの曲を演奏しているというのか？　体を起こそうと必死になったが気力がなかった。

「私が調べてきますから寝ていなさい」

申ソンビを落ち着かせた蛇の皇女は不吉な予感を感じて外に出て行った。笛の音は馬小屋から流れていた。

「そこにいるのは誰か?」

毒気を含んだ声にチンジュは吹いていた笛を止めた。彼女の目に緑の模様の派手な衣装で着飾った妖気漂う蛇の皇女の姿が映った。チンジュは一目で誰か分った。

「私は地下の国の王子申ソンビの妻です」

「何だって?」

堂々としたチンジュの返事に蛇の皇女の目に青い炎が燃えた。

「ここに夫がいると聞いたのです。会わせてください」

チンジュが言い終わるや否や蛇の皇女は手足をひねったかと思うと大きなニシキヘビに変身した。

「お前を殺さずにおくものか！」

ニシキヘビは口を大きく開けて毒の入った歯をむき出しながらチンジュに飛び掛ってきた。彼女は目をつぶった。そして気を失った。意識が戻った時、チンジュは豪華な部屋に寝ていて、夢にまで会いたかった申ソンビが枕元に座って心配そうな表情でチンジュを見つめていた。危機一髪という瞬間に申ソンビが駆けつけてきてチンジュを救い出したのだ。

「私が来なかったら大変なことになるところだった。普通の人間なら到底来ることができないこの危険極まりない所にどのようにしてきたというのか？」

「あなた……！」

チンジュはそれ以上何も言えず夫の懐に顔を埋めて熱い涙を流した。

その頃、怒り心頭に発した蛇の皇女が地下の国の王宮に駆けつけていった。そして申ソンビの妻だと称するこの世の女が来たから、誰が本当の申ソンビの妻かはっきりさせて欲しいと大騒ぎをしたのだ。怒った大王が真相把握のため緑の宮殿に臣下を派遣した。申ソンビとチンジュは死を覚悟して大王の前に進み出て、夫婦としていっしょに暮らせるようにして欲しいと涙まじりで哀願した。大王は考えに耽った。どうしても夫に会いたいという一念で地下の国まで訪ねてきたこの世の女の生死を超越した愛に、大王は感銘を受けたのだ。心の中では二人のことを許してあげたかったが、蛇の皇女の立場を考えて大王は考えあぐねた結果、勇断を下ろした。

「二人のうち、三つの試験を通過したものを申ソンビの妻と認めよう」

大王の命令が下ろされるや蛇の皇女は不機嫌な様子を見せたが承諾するしかなかった。

最初の試験は森の中で鳥が止まっている枝を折ってくること、但し、鳥が飛び立ってしまってはならないということだった。数多くの地下の国の住民が興味深く見守っている中でチンジュと蛇の皇女は試合を繰り広げた。森の中に入った蛇の皇女は枝に止まっている鳥に、もし羽一つでも動かしたら巣の中の雛を食べてしまうと脅かした。鳥はがたがた震え、蛇の皇女は意気揚々と鳥が止まっている枝を折ってきた。チンジュが森の中に入るとすずめたちがわっと飛んできて枝に止まった。すずめたちがお腹を空かしている時、豆を分けてあげた彼女の恩を忘れていなかったのだ。お陰でチンジュはすずめがいっぱい止まっている枝を折って持ってくることができた。

二回目の試験は水をいっぱいに入れた水甕を頭に載せて凍った川を渡って来ることだが、水を一滴もこぼしてはならないという但し書がついていた。蛇の皇女はあっという間にニシキヘビに変身して平たい頭の上に水甕を載せてするすると凍った川の上を滑りながら渡り始めた。チンジュが水甕を頭に載せようとした時、足元で何かがもぞもぞ動くではないか。よく見るとハリネズミだった。ハリネズミは虎の喉から自分を助けてくれたチンジュの恩に報いるため子供までつれて来たのだ。お陰でチンジュは靴の下にハリネズミをつけて凍った川をたやすく渡ることができた。

二人とも二番目の関門まで通過したので、大王はもっと難しい問題を出さなくてはと考えた。

「三日以内に生きた虎の眉毛一〇〇本を抜いてきなさい！」

余りにも意外な内容が発表されると当事者たちは黙り込んでしまい、集まっていた住民たちはあちこちで「生きた虎の眉毛をどのように抜くというのか？　それも一〇〇本だって！」と騒いでいた。

チンジュは地下の国の通路である洞窟に行った。黒い蛇と彼の部下たちが迎えてくれた。彼らは全員、今度の試合でチンジュが勝って、残忍で傲慢な蛇の皇女をやり込めてくれることを願っていた。洞窟の入り口に到着したチンジュが笛を吹くと山を揺り動かすような雄叫びと共に虎が駆けつけてきた。

「虎さん、あなたの眉毛が一〇〇本必要なの」

そう彼女が話すと、直ぐに虎はチンジュを背中に乗せて風のように走っていった。一昼夜を走り続けた虎は原始林のびっしりと木が生い茂っている山の中にある洞穴の前にたどり着いた。

「ウオー！」

虎の鳴き声を聞いて洞穴の中から五匹の虎の子が走ってきてチンジュを見て舌舐めづりをした。虎は飛びかかろうとする虎の子供たちを荒々しく制止し、言い聞かせ始めた。虎の子供たちは不満だらけの様子だったが、結局一匹ずつチンジュの前に来て眉毛を突き出した。チンジュは一匹あたり二〇本ずつ、全部で一〇〇本の眉毛を抜いた。

約束の日になった。試合の結果を見るため、地下の国の人たちがすべて広場に出ていた。チンジュより先に到着した蛇の皇女は勝ったという風に意気揚々とした顔で演壇に座っていた。チンジュが虎の眉毛を差し出すと審判官たちが出てきて二人が持ってきた物を前において検討し始めた。ピーンと張り詰めた瞬間だった。しばらくして周囲の視線が注目している中、大王が立ち上がった。

「蛇の皇女が持ってきたのは猪の眉毛であることが分った。したがって三つの試験にすべて合格したこの世の女を申ソンビの妻と認めよう！」

大王が宣言し終えると見守っていた住民たちから歓呼の声が響き渡り、チンジュと申ソンビはうれしさの余り固く抱き合った。蛇の皇女は席をけって立ち上がり大王の決定を承諾することができないとあがき始めた。彼女の暴挙に厭き厭きしていた大王はそれ以上蛇の皇女を庇おうとしなかった。地下の国の人たちはすべて蛇の皇女に背を向けチンジュの勝利を心から祝った。

その後、チンジュと申ソンビは大王の配慮でこの世に帰ってきて老婆といっしょに末永く幸せに暮らしたという。

2　九尾狐《クミホ》の愛

慶尚道鎮東《ジンドン》の土地から都会地に出るためには険峻な山の峰が連なっているトンジョン峠を越えなければならないのだが、峠を越える人たちはこの峠が余りにも険しく越えるのにとても苦労するので涙の峠と呼んでいた。

「行けど行けど果てのないつれないこの峠……、力も尽き果ててこれ以上歩けそうにもないわい」

科挙の試験を受けるために漢陽に向かっていた受験生たちの群れの中の一人が涙の峠の中腹で道端にドンと座り込むと、他の者たちもそれぞれ岩や木の幹にもたれて座りこんでしまった。

「これこれ、若主人様たち、漢陽にはまだ程遠いというのに、ここでもう音を上げられたら、これからどうなさるおつもりなんですか?」

荷物を持って後ろをついていく従者パンドㇽは呆れたという風に若者たちを眺めた。名門家の若主人たちが科挙の試験を受けるために漢陽に向かう時、パンドㇽを雇って書籍や服の包みを背負って運ぶことと、使い走りや身の回りの世話をさせた。雇われたパンドㇽはお人好しで、わずかのお金で彼らといっしょに旅をすることになったのだ。

「道中が退屈だから旅路の恋遊びでもしながら行こうではないか。一番粋な恋をした者が峠を越えた酒屋で盛大におごることにして……」

「それはいい、恋もして、ご馳走にもなって……」

一人の若者が提案をすると皆は賛成しながらくじ引きを準備し始めた。

旅路の恋遊びとは道中のソンビたちが旅の無聊を慰めるためにしていたもので、最初に順番を決めて、道中で出会う女人と恋をしてふざける一種の慰安の戯れなのだが、一番綺麗な女人に出くわした者が恋の旅路遊びを最も楽しんだ者としてお酒を振舞う慣例だった。

「一番が崔君、続いて李君、鄭君、金君の順になったね」

若主人たちが順番を決めて立ち上がるとパンドルも自分も仲間に入れてくれと言い出した。下賎なものが分際も知らずヤンバンの遊びに首を突っ込むとはと呆れてしまったが、パンドルが余りにもしつこく頼み込むので面白半分に最後の順番に入れてあげることにした。

「あ、来る、来た!」

山道の曲がり角に女人の姿が見え始めると若者たちの目が一斉にそちらに集中し、順番が一番の崔君は美人であることを願いながら近づいてくる女人を見つめた。ところが彼女はひどく醜い女であばた面だった。

「クソッ、あばたでもおしとやかな振りでもしてくれりゃ……」

崔はぞっとしたような表情で顔をしかめたが、他の若者たちはお腹を抱えて爆笑した。

二番目に登場した女人は子供を負ぶったデブッチョおばさんで李は苦虫を噛んだような顔をし、続いて杖をついた老婆と五、六歳くらいの少女がいっしょに通り過ぎたので鄭、金が同時に落胆した顔をした。

恋の旅路遊びが楽しくなかった若者たちががっかりして苦虫を噛み潰したような顔で歩いていたところ、向こう側の丘のほうから輿が一台現れた。

「ヒッヒ、俺の嫁さんが来る！」

パンドㇽが歓呼の声を上げると、皆は近づいてくる輿を眺めた。四人の逞しい男たちが輿を担いでいて下僕が後をついてくるのを見るとヤンバン家の女人の行列であることは間違いなかった。輿はあっという速さでみんなの前に近づいた。好奇心に満ちた目が注目する中で半分くらい開かれた輿の窓を通して美しい女人の姿が見えた。皆は彼女の美貌に魂を奪われてボーとして眺めていたが、パンドㇽが叫んだ。

「俺の嫁さんだ、俺の嫁さん！」

突然の叫び声に女人はいぶかしげに周囲を見回したが、パンドㇽと目が合うと恥ずかしそうに微笑んだかと思うと輿の窓を閉めた。そして残念そうに眺めている視線を後にして向こうの丘のほうに慌しく去っていった。

「笑った、嫁さんが俺を見て笑った」

パンドㇽは感激したように涙まで浮かべて輿が去っていった丘のほうを眺めていた。

「こいつ、分際を知れ。下賤な者のくせに、あきれた奴が……」

気分を害した崔が腹いせをするようにパンドㇽの頬をぶつと、他の若者たちもいっしょになって叩いたり蹴ったりし始めた。それでも腹が収まらないかのようにパンドㇽをぐるぐる縛り上げて森の中のオレオレカンバの木にぶらさげてそこを発ってしまった。

「助けて、助けて……！」

パンドㇽは力の限り悲鳴を上げたが、帰ってくるのはこだまだけだった。いつの間にか日も沈み、森の中は闇に閉ざされていた。

一方、峠を越えきれず夜を迎えた若者たちは空き家の山小屋を見つけてそこで一晩泊まっていくことにした。彼らはパンドㇽに任せていた荷物を背負ってきたせいでとても疲れきっていた。腹立ち紛れにパンドㇽを縛り付けてきたことが後悔された。崔は夜が明けたら戻っていってパンドㇽを縛った縄を解いてやろうと思いながら寝込んでしまった。

　どれほど時間が経ったのだろう。うめき声を聞いて目を覚ました崔は周りを見回し度肝を抜いた。霜柱のような真っ白な頭に黒い顔をした一匹の怪獣が金の腹の上に乗って座り、肝を引きずり出しながら食べている最中だった。崔は飛び出しそうな悲鳴をどうにかこらえて体中ががたがた震わせていた。怪獣は寝ていた李と鄭と金の肝を次々と引きずり出して食べた後、崔のお腹の上に乗って座った。

「ウウウ……」

　崔は戦慄と恐怖にとらわれたまま怪獣を見上げた。舌を舐めづりまわしながら赤く充血した目で睨みつける怪獣の姿は血に飢えた野獣を連想させた。

「フフフ……。人間の生肝を一〇〇個食べ切らなければならないのに……、一度に四個も食べれるとは、大当たりだ！」

　怪獣は鋭い糸切り歯をむき出し崔の胸に襲いかかろうとした瞬間、「ゴーンゴーン」と山寺の鐘が鳴り始めた。明け方を知らせる鐘の音だった。怪獣は動きを止めて、残念だという風に崔を眺めた。

「運の良い奴め、よく憶えておけ。俺に会ったことを言いふらしたらその日はお前が死ぬ日だと思え」

　そう言い終え、怪獣はヒョイと宙返りをしたかと思うと暗闇の中に去っていった。

　トンジョン峠の頂に日が昇り始めていた。パンドㇽは木にぶら下がったままぐったりとしていた。早朝の霧の中を誰かが歩いてくる気配が感じられた。助けを求めたかったが気力が全くなく、指一本動かせないくらい弱っていた。

「急いで縄を解いて差し上げなさい！」

女人の声が聞こえた瞬間、パンドㇽは緊張が緩んで気を失っていた。

どれほど時間が経ったのだろうか。朦朧とした意識の中でおかゆを食べさせてくれる女人の手を感じた。柔らかい手が鼻の先を過ぎるたびに甘い香りが漂った。パンドㇽは正気に戻ろうと力を振り絞った。

「じっとなさっていてください。余りにも気力が衰えていて、動かれるともっと良くないです」

美しい声が耳元で聞こえるとパンドㇽはやっと目を開けた。焦点を失った彼の視野にぼんやりと女人の姿が映った。彼女だった。パンドㇽを死地から救ってくれたのは輿に乗っていたその人、まさしく彼女だった。

「俺の嫁さん！」

パンドㇽは喜びの余り我知らず叫んでしまった。女人はそっと笑いながらパンドㇽに口付けをしたかと思うと口にくわえていた玉を彼の口に入れてくれた。女人の突如の振る舞いにパンドㇽは息が止まる境地だった。

「玉を口の中で転がすと私の気があなた様に伝わることでしょう。休まずに転がしてください」

パンドㇽは女人の言葉を聞いて、彼女が先ほどした振る舞いは自分の気を取り戻させてくれる処方であることを知った。彼は長時間木に逆さまにぶら下がっていたせいで、内臓がひっくりかえり、血が逆流して危険な状態に陥っていたのだ。

女人は名前をヨンオㇰといって、元々位の高いヤンバン家の娘だったのだが、謀略にあい、父母をはじめとして一族が皆殺しになって一人難を逃れて隠れて暮らす境遇だと言った。昨晩オレオレカンバの木の枝に龍がぶら下がって泣いている夢を見、余りにも不思議な夢なのでその木の近くに行ってみたところパンドㇽがぶら下がっていたというのだった。

ヨンオㇰはパンドㇽをまるで天から授かった伴侶であるかのように心を込めて世話をした。パンドㇽはあっという間に気力を回復し、時間の流れと共に二人の愛も深くなっていった。二人は口付けをして玉をお互いの口の中に入れ合う遊びを楽しんだ。下賎なものとして生まれて蔑まれてばかりいたパンドㇽにとって、生まれて初めて受ける待遇だった。

いつの間にか秋も更けていき、冬の初めに差し掛かっていた。うら寂しい風にはらはらと落ちる葉を見ながらパンドㇽは急に故郷に一人で暮らしている年老いた母を思い浮かべた。

「食べ物も亡くなり薪も尽きてしまっているだろうに……、ああ、母さん、生きていないかもしれないな！」

こんな思いに駆られると気がせかれた。直ぐにでも母のところに駆けつけたかったが、ヨンオㇰの前では到底そんなことは言えず、ものの言えない人のように一人でやきもきしていた。

そんなある日、ヨンオㇰが新しい服一揃えとお金の包みを前に押し出した。いぶかしげに見るパンドㇽにヨンオㇰは故郷に行ってきなさいといった。彼女は他人の目に付かないようにこっそりと母親にだけ会ってくるよう何度も念を押した。パンドㇽはヨンオㇰの心遣いに感謝しながら、初雪が降る前に帰ってくると約束をして故郷へと向かった。

故郷の竹林が見える山の頂に着いたパンドㇽは遥か向こうにかすかに夕餉の煙が上っている母のいる家が見えると丘の下り道を駆け出し始めた。彼が村里に現れると村人たちはまるで幽霊でも見たかのように驚いた様子だったし、知らせを聞いて走ってきた老母は死んだ息子が生き返ったかのように彼を抱きしめて慟哭した。そうなるのは無理のない話だった。パンドㇽといっしょに出発した若者たちの内、三人は死体として発見され、サット（地方官である郡守）の息子である崔一人だけが生きて帰ってきたのだが、気が触れて親も見分けられない状態だった。そのため官庁では事の真相を調べるべく行方不明のパンドゥルを探すために血眼になっていたのである。

パンドゥルはそのまま官庁に連れて行かれて審問を受けた。彼は若主人たちが自分を縛り上げて立ち去って行ったためその後のことは分らないといった。ところがその話は通じなかった。崔が自分の潔白を証明してくれるから彼に会わせてくれと頼んだが、黙殺されてしまった。パンドゥルは隠れて暮らしているヨンオクの立場を考えて最後まで彼女のことは口にしなかったのでひどい拷問を受けた後、獄に入れられる身になってしまった。

牢獄の窓越しに雪のちらつくのが見られた。パンドゥルはヨンオクとの約束を思いながら涙した。こっそり人目を避けて行ってきなさいという彼女の頼みをないがしろにした自分の軽率さが悔やまれてならなかったが、いまさらどうしようもないことだった。

もう二度と再びヨンオクには会えないで獄中で寄る辺のない魂になるかもしれないという絶望感が押し寄せてきた。その時だった。牢獄の門が開かれて「パンドゥル、釈放する。さっさと出てこい!」という獄吏の声が聞こえてきた。余りにも思いがけない言葉に、自分の耳を疑いながらあたふたと外に出てきたパンドゥルに、獄吏はサットの特別命令で釈放されることになったことを告げた。夢のようだった。サットが急にどうして自分を釈放してくれたのか気にはなったが、そんなことを気にしているときではなかった。少しでも早く恋しいヨンオクのところに行かなければならなかった。パンドゥルは雪の道を走りに走った。三里以上の道を休むことなく走り続けた果てにトンジョン峠の頂に到着した。荒々しい風と共に吹雪が吹き荒れていた。パンドゥルはふっと大きく息をついたあと、擦り切れた草鞋を脱ぎ棄て、裸足で歩き始めた。遠くにオレオレカンバの林が見え始めるとパンドゥルの歩みはもっと速くなった。

この時、一団となった兵士たちがパンドㇽの後を追っていた。彼らは高度に訓練された兵士たちでサットの指示によってパンドㇽを尾行していたのだ。サットがパンドㇽを釈放したのは真犯人を捕縛するための計略だったのだ。パンドㇽが速力を出し始めると兵士たちの足も速くなった。彼らがパンドㇽの後を追ってオレオレカンバの林に足を踏み入れた瞬間、木の上から黒い影が一人の兵士の頭の上に飛び降りた。突然の襲撃を受けて倒れた兵士の胸の上に飛び移った影は錐のような歯で首を食いちぎった。凄惨な悲鳴と共に血が噴水のように飛び散った。実にあっという間に起きた出来事ですばやい兵士たちとはいえ手の施しようがなかった。気を取り直した兵士たちは刀を抜いて近づくと死体の肝を食べていた怪獣は体を起こした。体中に返り血を浴びた野獣のような姿だった。

「九尾狐だ!」隊長が叫ぶと兵士たちは緊張しながら怪獣を取り囲んで刀を構えた。「ヤッ!」という気合いを共に兵士たちの刀が風を切って襲い掛かると、九尾狐は宙返りをしながら射程距離から抜け出したかと思うと、刀の刃のような爪を立てて兵士たちを攻撃し始めた。吹雪の中での一進一退の攻防がしばらく続くと、三人の兵士が血を流しながら倒れ、隊長に切りつけられた九尾狐はふらつき始めた。

「きゃつ、傷を負った。一斉に攻撃しろ!」

隊長の命令で兵士たちが前後左右からやみくもに攻撃を始めると情勢が不利と感じたのか、九尾狐はさっと飛び跳ね、兵士たちの頭の上を飛んで闇の中に消えていった。

「追え!」

兵士たちが一糸乱れず動きながら九尾狐の後を追い始めた。

このような騒動があったとは知らず、パンドㇽは凍りついた足でビッコをひきながらヨンオㇰの家に向かって走っていた。遠く松林の中から灯りがちらつき始めた。

「ああ、やっとたどり着いたんだな！」

パンドㇽはしばらく歩みを止めて安堵し、一息ついた。その時、ヨンオㇰが走ってきて焦りながら叫んだ。

「追われています。急いで逃げなければなりません！」

ヨンオㇰは面食らっているパンドㇽを連れて林の中へと走り始めた。凍傷で腫れ上がった足はすでに感覚がなくなっていて、息が喉に詰まってこれ以上一歩も歩けない状態だったが、ヨンオㇰがパンドㇽを急《せ》かせて休みなく走り続けた。しばらくして潅木がうっそうと生い茂っている林の中に辿り着くと、小さな洞窟が目に入った。二人は洞窟の中に入って体を隠した。危機の中では愛はもっと高潮するもの。二人は固く抱き合い熱い口付けを交わしながら愛を確かめ合った。

どれほど時間が経ったのだろうか？　けだるい眠りに陥っていたパンドㇽが目を開けると、ヨンオㇰは物悲しい顔でパンドㇽを見下ろしていた。

「あなた、ここもいつ兵士たちに攻撃されるか知れません。急いで逃げなければなりません」

「おまえは……？」

パンドㇽが尋ねるとヨンオㇰは静かに首を振った。

「いっしょに逃げると、二人とも敵に殺されてしまうでしょう」

「おまえ一人おいては逃げない！」

パンドㇽが頑として断るとヨンオㇰは苦しそうにため息をついた。

「私は怪我をしています。一人でお逃げにならなければなりません」

驚いたパンドㇽがヨンオㇰに近づいてよく見ると、彼女のチョゴリの下から血が流れていた。

「いったい……、これはどうしたことなのか？」

「あなたを迎えに出かけて攻撃されたのです」

パンドルは自分の不注意でヨンオクが怪我をしたと思うと気が狂いそうだった。そんなヨンオクを置いてどうして一人命をつなげというのか？　パンドルはヨンオクを抱きしめて涙を流した。

その時、洞窟の外で隊長が叫ぶ声が聞こえてきた。

「さっさと出てこい。そうしなければ煙でいぶりだすぞ！」

とうとう最後の時が来たのだ。ヨンオクは決然とした表情でパンドルを眺めた。

「あなた、私が出て行って彼らと闘っている内に隙を見て逃げてください」

「そんなことできない、そんなことできない」

パンドルは首を左右に振りながら出て行こうとするヨンオクを遮った。すでに洞窟の中には煙が忍び込んできていた。ヨンオクの目が血走ってきた。

「あなたに私の本来の姿を見せたくなかったのに、仕方がない！」

ヨンオクはため息をつくように天に向かって雄叫びを上げたかと思うと九尾狐に変わり始めた。パンドルがびっくりするような光景に動顛している隙に、九尾狐になったヨンオクは体を躍らせて洞窟の外に消え去った。

煙は洞窟の中にひっきりなしに入ってきた。パンドルはやっと気を取り直して煙を避けて洞窟の外に這い出した。あたり一面に深く立ち込めた朝のもやの中で血みどろの闘いが繰り広げられていた。あちこちに兵士たちの死体が転がっていて、九尾狐も傷を深く負っているのかふらついていた。パンドルはヨンオクの最後の頼みを思いながら涙を流した。いち早くそこを発ちたかったが足が動かなかった。その時、悲鳴と共に九尾狐に襲い掛かった二人の兵士が同時に倒れ、九尾狐も致命傷を受けたのか血を吐きながら膝をついた。

隊長が刀を高く振り上げ九尾狐に近づいていた。

「だめだ！」

パンドㇽは我知らず叫びながら駆け寄った。九尾狐を狙っていた隊長の刀がキラリと光りながらパンドㇽに向かって振りおろされる瞬間、死に物狂いで体を起こした九尾狐は隊長の胸に飛び掛かり首を食いちぎった。

「ウア！」

隊長は凄惨な悲鳴を上げてひっくり返った。手足を曲げながら苦しんでいた隊長が息を引き取ると、九尾狐も力尽きたのか倒れこんでしまった。

朝のもやがゆっくりと消えて木々の間から朝日が差し始めた。とてつもない状況に呆然としていたパンドㇽはやっとの思いで周囲を見回してみた。兵士たちの死体があちこちに転がっている中で九尾狐が虫の息で喘いでいた。パンドㇽが近づくと九尾狐の目に涙が溢れ始めた。パンドㇽはその眼差しにヨンオㇰを思った。

「愛しい人よ！」

パンドㇽがすすり泣くと九尾狐の目からも涙が流れた。

「私を思って泣いてくれるのですね。ありがとう」

「……」

「あなたを愛しています……」

九尾狐が虫の息で喘ぎながら懐から玉を取り出してパンドㇽに渡した。二人で受け渡ししながら愛の戯れをしたその玉だった。

「この玉を呑み込むとこの世の理致に到達するようになるでしょう。それではどうぞ……」

九尾狐は最後まで話すことができず息を引き取った。

「愛しい妻よ！」

パンドルは九尾狐を抱きしめて慟哭した。いくら怪獣だとはいえ、自分を心から愛してくれたヨンオクの愛をどうして忘れることができようか！

その後、パンドルはヨンオクがくれた玉を呑み込んでこの世の理致に到達した道人になったといわれているが、一説には彼がまさしく朝鮮時代に奇行で有名だった伝説的な預言家チョン・ウチ（田禹治）といわれている。

3　美女と怪獣

ソリンという青年が武科の試験を受けるために漢陽に向かっている道中で龍門《ヨンムン》山付近で野宿することになった。夜が更けて大きなイチョウの木の幹にもたれて背中を丸めて寝ていたのだが、突然、一陣の強風が吹いて地面が揺れ始めた。驚いて眠りからさめたソリンは地震でも起こったのかと思い、イチョウの木に力の限り抱きついていると、山のふもとの暗闇の中から巨大な怪獣の影が近づいてきた。その怪獣が足を下ろすたびに怪しげな音とともに地面が揺れた。しばらくして森を横切って山頂に達した怪獣はのっしのっしと山の峰を飛び越えていったかと思うとあっという間に彼の視野から消え去ってしまった。ソリンは彼が目撃した光景が夢なのか幻影なのか面食らっていた。

あくる日の早朝、急いで山を降りていたソリンは森の中で女人の絹の靴の片一方を見つけた。一般庶民の女たちには手の届かない高嶺の花の高級な靴だった。人通りのまばらな山中で、身分の高い家の女人が履くような絹の靴が落ちているのがとても不思議な気がしたが、道を急いでいるので絹の靴を懐に入れたまま天《チョ》馬《ンマ》山を発った。

ソリンが漢陽の城内に着いた時、道のあちこちに吏曹判書（高麗時代・朝鮮時代、中央行政機関の高官）の一人娘が怪漢に拉致されたという立て札が立てられていた。彼女を助けだした者には褒賞金三万両を与えるという内容といっしょに美しい娘の全身像が描かれていたが、彼女が履いている絹の靴を見た瞬間、ソリンは非常に驚いた。龍門山で拾ったその靴に違いなかった。ソリンは誰かに見られるかと注意しながら懐からこっそりと絹の靴を取り出して絵の中のものと見比べてみた。形と色はもちろんのこと、そこに施された刺繍の模様までそっくりだった。

「すると……?」

ソリンはこの拉致事件は、彼が龍門山で出くわした光景と関係があると直感した。

高級官吏である丞相家の一人娘の上、才色兼備、国中で最高の新婦候補として評判が高かった娘の失踪事件は世間の最大の話題だった。下僕のサムウォルの話によると、お嬢様といっしょに月見をしている時、いきなり地面が揺れて旋風が巻き起こったかと思うと、黒い影が現れて彼女をさっと抱きかかえ去ってしまったというのだ。ソリンは科挙の試験など受けるのをやめて丞相家の一人娘を助け出す決心をした。褒賞金にも欲はあったが何よりも冒険好きな彼の性格が、こんな興味深い事件を見逃すわけがなかったのだ。

ソリンの足はまた龍門山に向かった。一〇里くらい行った時、ソリンはクヌギの木の下で鼾をかいて寝ている一人の男を見た。鼾の音はまるで雷のようで、彼が息を吐く度にクヌギの木が根元から揺れて木の葉がざっと落ちてきた。彼の怪力が気に入ったソリンは彼と義兄弟の契りを結び、いっしょに丞相家の一人娘の救出作戦に出向くことにした。ソリンは彼を力持ちと呼ぶことにした。

龍門山に行く途中、ソリンと力持ちは人並み以上に耳の大きい者と会った。彼は丘の上にいたが、ソリンたちが近づいていくと声をかけてきた。

「もしもし、丞相家の一人娘を救出するには私の助けが必要だと思うが」

「えっ、どうしてそんなことを知っているのか?」

ソリンが聞き返すと男は豪傑笑いをした。

「ハハハ、あなたたちが五里離れたところでしている話を聞いたんだよ。私の耳を見てごらん。私の耳は一〇里離れたところの話も聞けるんだから」

ソリンは大きな耳とも義兄弟の契りを結んだ。

日が暮れる前に龍門山に着こうと歩みを速めていた三人は、森の中で大蛇と鷲が闘っている光景を目撃した。ソリンは矢を放ち大蛇を殺し、死にそうになっていた鷲を助けてあげた。空高く舞い上がった鷲はお礼を言うかのように三人の頭上を旋回したかと思うとどこかに飛んでいってしまった。

龍門山に到着した三人は日が暮れるとイチョウの木の下で並んで寝た。ソリンは怪獣がまた現れるのを待ったが、その日の夜は何事も起こらなかった。あくる日、三人は怪獣の足跡を辿って龍門山一帯をくまなく探し回ったが、何の形跡も探し出すことができなかった。ソリンは山頂に上って怪獣が消え去った方向を眺めた。幾重にも山が果てしなく連なっていた。とてつもなく広い山の中で怪獣の行方を捜すということは大変なことのように思われた。その時、空に黒い点が一つ現れたかと思うと、速い速度で近づいてきた。ソリンが助けてやった鷲だった。鷲は一行の頭上を一巡りしたかと思うと後について来いという風に飛び始めた。三人は鷲の後を追って山の峰を越えて渓谷を渡った。鷲は老松と岩が美しい絶壁の上に一行を案内してくれた。ところが、いくら目を凝らしてみても怪獣の痕跡を探すことができなかった。

「いったい、ここに何があるというのか!」

力持ちが不平を言うと、耳を地面につけていた大きい耳が静かにしろというように指を口につけた。

「地面の下から犬が吼える声が聞こえるわい。この岩の地下に人が住んでいるに違いない!」

大きい耳がそう言うや否や、力持ちは岩に飛びついて押し始めた。

「よいしょ、よいしょ！」

気合いの入った声とともに力持ちが巨大な岩を押しのけると、その下に地下に通じる洞窟が姿を現した。ソリンが葛のつるを繋げると、三人は順に洞窟の中に入っていった。大きな耳は一里くらい降りていくと、これ以上行けないと葛のつるを揺り動かし、力持ちは一・五里の地点で膝の裏（ひかがみ）がしびれて戻ってきてしまった。

最後にソリンが挑戦した。洞窟は地の果てまで続いているかのように行けども行けども先が見えず、キーキーと鳴くこうもりの鳴き声が暗黒の深淵を押し分けていく孤独な探索者の心中を揺り動かしていた。どれほど降りていったのだろうか？　下からかすかな光が漏れてくるような気がして、やっと明るくなり始めたかと思うと足が地に付いた。

洞窟の外に出ると、驚くような光景が目の前に開かれた。山や野原や木や花、鳥や蝶々や獣まで、すべてが地上の世界と全く同じだった。青々とした野原の間を小川が流れていた。

ソリンはどこに行って良いのか分らず躊躇っていると、人の気配と共に頭に洗濯物を担いだ女が近づいてきた。ソリンはすばやく近くの木の上に体を隠して女の動静を観察した。ソリンが隠れていた木の下の川に座って洗濯をしていた女は水に映った木の影に人がいるのを見て驚いて悲鳴を上げた。ソリンは急いで木から降りてきて女に自分がここへ来たわけを話して手伝って欲しいと頼んだ。彼女もやはり怪獣に捕まってきたといいながら、家に帰れるようにしてくれるのならどんなことでもすると言ってくれた。

ソリンは女のチマの中に隠れて怪獣の本拠地に入っていった。華麗な城郭と大きな瓦屋根の家がずらっと並んでいる怪獣の巣窟は、宮殿を連想させるくらい立派だった。ちょうど怪獣が出かけているのでソリンは女に手伝ってもらいながら無事に丞相家の一人娘がいる別宮までこっそりと隠れて入ることができた。絶望に陥っていた丞相家の一人娘は、彼女を助けに来たというソリンの話を聞いて感激の涙を流した。

怪獣はうわばみの化身で龍になるためには処女たちの精気を飲まないといけないため、数多くの地上の女人たちを拉致してきて生贄とした。しかし、丞相家の一人娘の美しさに魅了された怪獣は、彼女を害することができずに妻にするために別宮に閉じ込めていたのである。

丞相家の一人娘はソリンに壁に掛けてある青龍刀を持ち上げてごらんなさいといった。それは怪獣が使っているものでとてつもなく大きくて重かった。ソリンがいくら頑張って力を出してもそれはビクともしなかった。そんなことでは怪獣と闘えないと丞相家の一人娘はいいながら、部屋の隅においてある大きな甕からお酒をひさごにいっぱい汲んで来てソリンに手渡した。その酒を飲むと体中が熱くなり力が湧いてきた。ソリンがもう一度青龍刀を持って力を入れると膝の上まで持ち上げることができた。

「一五日後に彼が帰ってくるでしょう。その時までこの酒を一生懸命に飲んで力をつけなければなりません」。美しい丞相家の一人娘の励ましを受けながらソリンは力一杯拳を握り締めた。

一五日目になる日、雷が落ちるような騒がしい音と共に地面が揺れたかと思うと丞相家の一人娘が叫んだ。

「怪獣が来ています。一〇里以内に来ています」

しばらくして、また鼓膜を破るかのような爆音と共に地面が揺れ動いた。

「一里以内まで来ました。早く隠れてください!」

丞相家の一人娘の焦った叫びを聞いてソリンは急いで壁に作られた隠し部屋の中に隠れた。

しばらくして、体中がうろこだらけの気持ち悪い姿をした怪獣が現れた。怪獣は部屋の中に入るや否や鼻をひくつかせながら大きな玉のような目をギョロつかせた。

「部屋の中から生きた人間の血の臭いがするが」

怪獣が鼻をひくつかせながら壁の隠し部屋の前に近づくと慌てた丞相家の一人娘が怪獣の前に立ちふさがって媚を含んだ微笑を浮かべた。

「それはあなたが身につけてきた血の臭いでしょう。お酒の用意をしてきますからどうぞお座りになって」

「そうかな? 確かに俺が生きた人間の血をたくさん飲むことは飲んだんだが」

怪獣は丞相家の一人娘が今までになく歓待してくれるので感激したのか、酒を甕ごと飲んで大いに酔いつぶれてしまった。

ソリンは隠し部屋から這い出して壁に掛けてある青龍刀を掴んで怪獣をにらみつけた。全身がうろこに包まれていて刀が入るところは首しかなかった。

「えいっ!」

ソリンは力の限り怪獣の首を打ち下ろした。ところが怪獣の体から転げ落ちた頭がごろごろと転がったかと思うと元の位置に戻っていって体にピッタリとくっつくではないか! もう一度首を切り落としたが結果は同じだった。怪獣は首が痒いといった風に首を左右に振ったかと思うと背伸びをした。彼が眠りからさめるとすべてが水の泡となってしまう。丞相家の一人娘は台所に走っていき、チマを広げてその中いっぱいに灰を入れてきた。

「怪獣が目を覚まそうとしています。急いでその首を切り落としなさい、急いで!」

彼女が言い終わるが早いかソリンの青龍刀が風を切って怪獣の頭を切り落とし、頭は空中に飛び上がった。丞相家の一人娘は急いで怪獣の切られた首の部分に灰をまいた。

「ウアアアッ!」

首を切り落とされた怪獣は体を震わせ、灰のために元の位置に戻れない怪獣の頭は天井にくっついたまま丞相家の一人娘を睨みつけていた。

「こやつ、俺がお前を殺さなかったのが禍の元だった！」

歯軋りをしながら悔しがっていた怪獣の頭は、遂に力尽きて部屋の床にドサッと落ちた。ソリンは怪獣の頭を持ち上げて外に出て地下の国の兵士たちに向かって叫んだ。

「誰でも私が行く道を塞ぐ者はこの様になると思え！」

怪獣の死を見た手下たちはブルブル震えながら道を開けてくれた。ソリンは地下の国に捕まっていた女を救った後、丞相家の一人娘といっしょに洞窟に向かった。ソリンが葛のつるを振って合図をすると上から知らせが来た。ソリンは自分の服を破り、紐を作ってから丞相家の一人娘と女を葛のつるにくりつけた。

「引っ張れ！」

地面に耳をつけて聞いていた大きな耳が合図を聞いて声を上げると力持ちが力をいっぱい出してつるを引っ張りあげた。つるべに乗って空に上がっていく仙女のように葛のつるに引っ張られていく二人の女人が地上に上がっていくとソリンは安堵して息をついた。

ところが力持ちと大きい耳は丞相家の一人娘の美しい容貌を見るととんでもないことを考え始めた。

「このままでいくとすべての栄光はソリンが独り占めすることになり、俺たちはただの手下扱いしかされないだろう？　そうなるのなら、いっそのこと……」

力持ちの言葉に大きい耳も肯いた。

地下の洞窟でつるがまたおりてくるのを待っていたソリンは、しばらくしても何の合図もないので予想外のことが起こったと直感した。

「まさか、彼らが私を……！」

また、しばらく待っていたが何の変化もなかった。信じていた二人の裏切りに、ソリンは胸がちぎれるほど痛かった。

「彼らが私を裏切るとは！」

ソリンのため息が洞窟の中でこだました。その時、旋風の音と共に空から黒い物が飛んできてソリンの前に立った。鷲だった。

「カア！」

鷲は鋭いくちばしでソリンの裾を引っ張って乗れと合図し、ソリンが背中に乗ると待っていたとばかりに力強く舞い上がった。

行けど行けど暗闇の洞窟は果てしなかった。力の限り飛んでいた鷲はだんだん疲れ始めてきた。

パタパタッ……。鷲は上に飛ぼうと力の限り頑張っていたが、それ以上飛ぶのは不可能なことに思えた。

鷲の背中には汗が雨のように流れていた。ソリンは背中につけていた剣を抜いて自分の太ももの肉を切り取った。そしてそれを鷲に食べさせた。

「カア！」

新しい力を得た鷲は空に向かって大きく叫んだかと思うと、また力強く飛び始めた。

無事に地上に到着したソリンは裏切り者を追跡した。彼らは遠くまで逃げていくことができないでいた。

ソリンが来ないと行かないと頑なに言い張る丞相家の一人娘のためだった。ソリンが現れると力持ちと大きな耳は跪いて許しを乞うた。ソリンは彼らに雅量を示し、丞相家の一人娘と共に漢陽に向かった。

その後、ソリンは褒賞金三万両を受け取り、三人全く同じく分け合い、丞相家の一人娘と結婚して幸福に暮らしたという。

4　虫女

チェ書生は南山《ナムサン》の麓に立って夕日に輝いている河の水を眺めていた。真っ赤に充血したその目から涙が流れていた。

「今更、どんな面目で故郷に帰って家族の顔を見ることができようか！」

チェ書生は懐から長い絹の手ぬぐいを取り出し、片方を絶壁の上に立っている松の木の枝にかけてもう片方を自分の首に巻き始めた。

「母上、お許しください！」

震える声でむせび泣いた後、チェ書生は静かに目をつぶった。彼が首をつろうとした瞬間、切羽詰まったような叫び声が聞こえてきた。

「ちょっとお待ちになってください！」

チェ書生は目を開けて声の主を見上げた。美しい女性が近づいてきていた。彼女は優しい言葉でチェ書生をなだめた後、近くに自分の家があるのでそこに行って少しお食事でもなさってはいかがですかと誘った。

その女人の家は一抱えもある大樹がうっそうとしている森の中にあり、かなり大きな構えの瓦屋根の屋敷だった。その女人は身も心もつかれきっているチェ書生を温かい食事と酒でもてなし、ぐっすりと一眠りできるよう夜具まで準備してくれた。厚かましいと思いつつも絹の布団の中に入ったチェ書生は緊張と疲労が同時に緩んだのかぐっすりと寝入ってしまった。漢陽に来て以来、久しぶりに味わう安らかな眠りだった。チェ書生は没落したヤンバン家の末裔で科挙に専念してきたのだが、何度も試験に落ちてしまったのだ。一〇年の間続けて試験に落ちたため財産を食いつぶし、針仕事で内助をしてきた妻が過労が重なって亡くなると、家族は食事もろくにできないほどになってしまっていた。チェ書生は今度の試験にすべてをかけていた。ところが結果はやはり落第だった。最後の望みまで消え去ってしまうとチェ書生は生きる意欲さえ失ってしまったのだ。絶望の淵から抜け出すには死ぬしかないと思われた。彼は南山に登って故郷の空のほうを眺めながら老母と家族たちに別れの挨拶をした後、死のうと決心したのだ。

チェ書生の身の上話を聞いた女人は自分も年若くして夫と死に別れて寡婦になり、何度も死のうと決心したが生きながらえてきたと言った。そして、しばらく自分の屋敷で過ごしながらこれからの生活を考えてはどうかといった。同病相哀れむというのか、その日から同じ屋根の下で暮らすようになった男女は急速に親しくなり、遂には深い情を交わす仲になった。チェ書生はこの世に生まれてやっと幸福とは何であるかを知ったと思い、自分にそんな幸せを感じさせてくれた女人に感謝した。今はもう彼女なしにはひとときも生きていけない気がした。

ある日、女人はチェ書生に一度故郷に行ってきてはどうかといいながら旅費を目の前に差し出した。甘い愛の生活に浸り、時間が過ぎていくのにも気づかなかったチェ書生は、やっと貧困に喘いでいる老母や家族のことを思い出した。そういえば死んだ妻の忌日も近づいていた。チェ書生は自分をめざましてくれた女人の心遣いに感謝しながら、名残惜しげに何度も振り返りながら故郷に向かった。

家族が死んだのか生きているのかも分らないまま、一人で贅沢をして暮らして来たことに罪悪感を感じて気後れしながら故郷の家に足を踏み入れたチェ書生は意外にも老母や家族たちから歓待された。彼らはかつてよりもっと健康そうに見え、表情も明るかった。

「お前のお陰で私たちは楽に暮らしているよ」

老母の言葉に面食らいながら家の中を見回していたチェ書生は驚いた。昔の古びていた藁葺きは綺麗に整えられて新しい家のようになっている上、物置には米俵が積み上げられていた。

「これはいったい、どうしたことですか?」

「お前が送ってくれたお金で家も修理したし、米も買ったんだよ」

老母の話を聞いて初めてチェ書生はすべてのことが女人の心遣いだと分った。

妻の法事を終えて、チェ書生は急いで漢陽に向かった。少しでも早く女人に会いたくて一時も休まず急いだおかげで、日が暮れる頃にはもう漢陽の町に足を踏み入れていた。彼がナムテリョン峠を越えている時、一人の老人が林の中から歩み寄ってきたかと思うと、彼の前に立ちふさがった。

「これこれ若い人、これ以上先に行ってはいけない」

真っ白な髪を風になびかせながら立っている老人の姿はちょうど仙人を連想させた。

「御老人はどなたで、どうして私の行く手を遮るのですか?」

「亡くなられた君の父上と私はいっしょに修学した同門だった。乱れた世間に愛想が尽きて俗世間と因縁を切って久しい。ところが昨晩の夢に君の父上が現れ、死の淵に立っている息子を助けてくれと私に頼み込んできたのだ」

「父上が……」

老人は肯くと炯炯とした目でチェ書生を眺めた。

「私の言うことをしっかりと聞きなさい。君が会った女人は人間でなく妖怪だ。千年を生きたムカデの化身なのだ！」

「何ですって？」

「君を食い殺すために一〇〇日の間、骨折っていたのだ。今晩は君が死ぬ日になるだろう！」

チェ書生は呆れてしまった。あれ程魅力的で心の優しい彼女が自分を食い殺そうとしているとは、到底信じられない話だった。

「そんな馬鹿げたお話をなさるなんて、これ以上続きをお聞きするわけにはいきません」

チェ書生が腹を立てると老人は不憫だという風にはっはと笑った。

「君の父上との義理を考えて災難を免れる方法を教えてあげようとしたのだが……、その女人がムカデだという証拠を見せてあげると私の話を信じるかね？」

「そうしましょう」

チェ書生が応えると老人は目を光らせながら近づいてきた。

「今晩、表門から入っていかないで誰にも気づかれないように塀を越えて入っていき、部屋の戸に穴を開けて中をのぞいてごらん。そしたら私の話が事実であることが分るだろう」

「御老人のお話が本当ならどのように処すれば良いのですか？」

チェ書生は我知らず次第に老人の話に引き込まれていった。

「また塀を乗り越えて外に出て、表門を叩くとその妖怪が懐かしく迎え入れてくれるだろう。そしたら知らん振りをして屋敷の中に入っていきなさい。君が妖怪の正体を知っていると気づかれたらお終いだ。夜、その妖怪が寝床に誘ったらその誘いに応えても決して口を合わせないように注意したまえ。ムカデが体の中に毒を注ぎいれて徐々に死に引き込むことになるかもしれないから……」

チェ書生は背中にヒヤッと寒気を感じてブルブルと体を震わした。

「口を合わせないと疑わないでしょうか?」

「ニンニクを食べていきなさい。妖怪はニンニクの臭いを嫌がるというから」

老人は懐からニンニク一片と共に黒い丸薬を取り出してチェ書生に手渡した。

「情を交わした後は寝て待ち、その妖怪が寝入ったらこの薬を口の中に入れなさい」

「これは何ですか?」

「タバコの脂で作った劇薬だ。ムカデを殺すのにはタバコの脂が一番だ」

老人は会心の笑みを浮かべた。チェ書生は半信半疑で老人と別れて峠を越えた。

女人の屋敷は静寂の中に包まれていた。チェ書生は老人に教えられたとおり塀を乗り越えて屋敷の中に入った。足音を忍ばせて奥の部屋のほうに近づいた彼は部屋の障子の穴に目を当てて中をのぞいた。ろうそくの灯りが明るくともされている部屋の中には絹の寝具がしかれていたが女人の姿は見えなかった。

「どこに行ったのだろう?」

心の中で呟きながら部屋の戸から目を離そうとしたチェ書生は寝具の中から何かがくねくねと這い出してくるのを見た。ムカデだった。腕ほどの太さに長さ一尺を遥かに超えてみえる巨大なムカデだった。

「ワッ!」

チェ書生は口をついて出る悲鳴をやっとの思いで噛み殺した。

髪の毛が逆立ち冷や汗が流れた。天が裂けるような衝撃にとらえられたままチェ書生はふらつく足をやっと落ち着かせながら塀を越えて外に出てきた。

「彼女がムカデとは……いったいどうしたらいいのだろう！」

いっそひと思いにこのまま遠くに逃げていってしまいたかったが、故郷の家までしっかりと確認している彼女が老母と子供たちに危害を加えるかもしれないと思えた。チェ書生は死ぬことになろうと生きることになろうと女人の屋敷に入ろうという決心を固めて表門の前で声を上げた。

「もしもし」

表門を叩きながらチェ書生が声を上げると靴を引きずる音と共に女人が走ってきた。

「やっと帰って来られたのですね」

女人は懐かしさでいっぱいのように涙を浮かべてチェ書生の胸に飛びこんできた。彼女の顔にムカデが重なり背筋が寒くなったが、チェ書生は何気ない振りをして女人を抱いた。

「遠い道のりをいらっしゃってお疲れでしょう。さあ、中に入りましょう」

その日の夜、女人の情熱は火のように燃え上がりながらチェ書生の胸の中に入り込んできた。彼女の執拗な愛撫と熱い愛の攻勢の前で恐怖と警戒心は雪のように解けていき、チェ書生は次第に甘美な快楽の世界にはまり込んでいった。しばらくして女人が寝入ってしまったのを確認したチェ書生は静かに体を起こした。戸の隙間から月の光が差し込んでいた。チェ書生は懐から老人がくれたタバコの脂を取り出し、じっと女人の顔を眺めた。安らかに眠っている彼女の口元には幸せそうな笑みが浮かんでいた。余りにも純粋で美しい姿だった。チェ書生は目をつぶった。彼女といっしょに過ごした日々の思い出が走馬灯のように脳裏を過ぎ去っていった。自分を死から救ってくれたのも彼女であり、幸せが何であるか教えてくれたのも彼女だった。それだけではない、飢えている老母と子供たちまで養ってくれたのも彼女だったではないか。

「だめだ、そんなことできない。たとえ妖怪だといっても恩を仇で返すことはできない。彼女が私の命を欲しいと思うなら喜んで捧げよう！」

どうせ彼女が助けてくれた命、彼女のために捧げようと決心したチェ書生はタバコの脂を自分の口に入れようとした瞬間、寝ているとばかり思っていた女人が身を起こしたかと思うと焦った声で叫んだ。

「あなた、いけません！」

チェ書生はびっくりして動きを止めた。

「私のため命まで棄てようとなさるとは……、有難うございます」

女人は涙を流しながらチェ書生の胸に飛び込んだ。

「あなたが会った老人は五〇〇年生きた大蛇です。今晩、あなたの口からするニンニクの臭いであなたがその者に会ったことを知りました。彼も私も天の仙官（仙境にいるという官吏）だったのですが、罪を犯して地上に降りてきて大蛇とムカデになって生きなければならない運命になりました」

女人がチェ書生に打ち明けた話は次のようだった。

天帝の怒りをかってムカデと大蛇になった彼らは天に戻る日を一日千秋の思いで五〇〇年も待ちわびてきた。ムカデは善良な功徳を積み重ねて罪を洗い流そうと努力してきたが、大蛇は自分が天に昇るためにムカデを殺そうとしていたのだ。しかし、チェ書生が心変わりをしたので大蛇の計画は水の泡となり、女人の罪は洗い流す道が開かれるようになったのだ。ムカデの女人のために死までも受け入れようとしたチェ書生の身をなげうった愛に感動した天帝は彼女を助けることにしたのだ。

「あなたの御恩で私は天に戻ることができました。あなたの大きな愛を永遠に忘れません。どうぞお幸せに」

言い終えた女人はチェ書生に深く頭を下げ挨拶をした後、五色の雲に取り囲まれて忽然と去っていってしまった。彼女と共に屋敷も跡形もなくなくなってしまった。チェ書生は南山の森の中の空き地に呆然として立っている自分の姿に気づいた。

すべてが夢のようだった。

その後、故郷に戻ってきたチェ書生は女人がくれたお金で余裕のある人生を暮らし、一生結婚しないでムカデ女人の影を慕いながら暮らしたという。

5　石仏の微笑

「これこれ若い衆、道連れになって行こうじゃないか」

後ろの方から聞こえてくる呼び声に、前を歩いていた旅人は振り返った。一人の老人が杖に身をよりかけて歩いてきた。

「日は暮れていき行く先は遠いし、とても心配していたが、道連れができてほっとしたよ」

老人は骨だけが残ったやせこけた手を伸ばして旅人の袖口を引っ張ってうれしそうな様子をした。薄汚くみすぼらしい老人の振る舞いを見て、一瞬迷惑なお荷物ができたような顔をしていた旅人は観念したように老人と肩を並べて歩き始めた。

「わしはソッカというんだ。安東《アンドン》の娘の住まいに行くところなんだ」

「私はパㇰ・カオㇽと申します。私もやはり安東まで行く道です。ちょうど良かったですね」

名乗ってみると気まずさもなくなり、二人は旅の退屈さを紛らすかのようにあれこれと世間話を交わしながら峠を越えた。

村についた頃にはすっかり日が暮れて、辺りは真っ暗になっていた。安東に行くにはこれからも一〇里ほどもっと歩かなければならないのに、よぼよぼした老人までくっついているので野宿するわけにもいかず、旅人は困り果ててしまった。

「これこれ、急いで一晩止まる宿を探さなくちゃ。そんなになす術がないようではどうするんだね」

「御老人は何かいい考えでもあるのですか？」

盗人猛々しく怒り出した老人を眺めながら旅人は聞き返した。

「窮すれば通じるというではないか」

豪気に溢れて先に立って歩き始めた老人を見ながら旅人は、どのようにするか見てやろうという思いで老人の後をついていった。

「申す！　申す！」

左右の回廊の屋根よりも門柱を高くした正門の前で老人が声を張り上げると、下人が飛び出してきた。

「前を通り過ぎていく旅人なんだが一晩泊めていただきたいと主人に伝えなさい」

「旅人もヘチマも、今はそんなことといっているところじゃないから、他にいってお願いしてみなさい」

うるさいというように手を左右に振りながら下人が門を閉めてしまうと、老人は門の中に向かって声を張り上げた。

「この夜中に老人を門前払いするとはチョン家の人情はこんなに薄いのか！」

すると、また門が開いて下人といっしょに中年の男が出てきた。

「下人が無礼をしましたのは家に心配事があるからなんです。三代続いた一人息子が死境をさまよっていて客を迎える状況ではないのです。どうぞご理解なさってください」

主人の丁重な謝罪を聞いて腹の虫がおさまった老人は、自分が一度その子供の脈をとってみようと言い出したのだ。旅人はいきなりやぶ医者の振りまでしようとする老人をなだめようとしたが、時すでに遅かった。

奥の部屋に案内された老人は、病床に横たわっている子供の手首を握って両目をじっとつぶったまま脈をとり始めた。その様子が結構医者らしく見えた。

「この村のチョンガーたちが集まって遊ぶ溜まり場があるでしょう？　そこにある将棋盤の将棋の駒を全部集めてきなさい」

老人の言葉を聞いてその家の主人は藁にもすがる思いで、下人に命じて隣近所にあるチョンガーたちの集会所から将棋の駒を一つ残らず集めてきた。

「さあ、これをどうすれば良いのですか？」

「将棋の駒を釜の中に入れてじっくりと煮た後、その煮汁を子供に飲ませなさい」

豪語して処方まで出した老人はお腹が空いているので食事したいと言い出した。

客間に案内された二人は大変なもてなしを受けた。素晴らしいご馳走にお酒まで出て、気分よく食事を終えた老人は眠たいと布団に入り、横になったかと思うと鼾をかきだした。旅人は焦り始めた。老人の法螺がばれる前に逃げ出すのが良いのではないかと考えた。便所に行く振りをして外に出てきた旅人は、客間周辺を見回っている下人たちに出くわしドキッとしてまた部屋に戻った。

「法螺を吹いてもそれらしく吹かないと。将棋の駒だなんて……！」

旅人はため息をつきながら寝入っている老人を横目で睨み付けた。

ところが、あくる日、旅人は自分の予想が見事に外れたことを知った。死にかけていた子供が将棋の駒の煮汁を飲んで生き返ったのだ。主人の知らせを聞いて奥の間に行ってみると、昨晩は意識を失って死境をさまよっていた子供が、母親の女主人の胸に抱かれて口をあけておかゆを食べていた。不思議というしかなかった。

「その子は女たちにだけ囲まれて大きくなり、陽の気が不足して病気になった。脈をとってみると陽の気が完全に無くなってしまっていて非常手段を取るしかなかったのだ。チョンガー部屋の将棋の駒は陽の気の塊ではないか。血気に溢れたチョンガーたちは、「将（将棋で「楚・漢」の字が刻んである駒）だ、モン（王手をかけたときそれに応じる言葉）だ」といいながら時間をもてあましながら過ごしている輩だから。陽の気を補うための一時しのぎに将棋の駒を煮た煮汁を飲ませなさいといったのだ」

老人の言葉を聞いて人たちは感服するしかなかった。

「ご老人のおかげで家門の代が切れなくてすみました。この恩をどのようにお返しすれば良いのでしょうか？」

その家の主人が感激の涙を流しながら功を讃えると、老人は何の躊躇いも無く言い放った。

「千両だけいただこう」

旅人は唖然として老人を眺めた。

千両を懐にした後、また出立した二人は昼頃に峠のてっぺんに位置した酒屋を見つけ腹ごしらえをするために入っていった。酒屋の女主人は年は取っているが山里で酒屋をするにはもったいない美貌だった。ご飯と汁物を二人分注文した後、注文を受けて振り返って準備しに行こうとする彼女の背に向けて老人は、気の毒にといった風に舌打ちをした。

「美人薄命とはよく言ったもの……、今夜の一二時まで命が持たないだろう！」

老人の言葉を聞いて顔色が変わった女主人が何のことを言っているのかと根掘り葉掘り聞き出そうとしたが、老人はなかなか答えようとしなかった。結局、熱々のご飯と汁物を食べてどぶろくをどんぶりいっぱい気分よく飲んだ後に老人は口を開いた。

「命の代価として千両をくれるというなら、お前が死を免れる方法を教えてあげよう」

「あれまあ、私のような者にそんな大金があるはずがないでしょう……！」

女主人がとんでもないとかぶりを振ると、老人はにやりと笑った。

「甕の下に埋めてある千両は金でないのかい？」

「エッ！」

女主人はすくみあがって驚いた。彼女は初めてその老人が普通の年寄りでないことが分った。そして跪いて、お金は差し上げますからどうぞ助けてくださいと手をすり合わせて頼んだ。

「今日、お前は夫の手で叩き殺されることになっている。今晩は間男を呼びこまないで必ず一人で寝るようにしなさい」

老人の言葉を聞いて女主人は顔を赤らめた。夫が罪を犯して牢獄に入っている間、寂しさに耐えかねて彼女は毎晩間男たちを呼びこみ寝床を共にしていた。老人はそんなことをピッタリと言い当て、今晩彼女の夫が帰ってくることまで知っていたのである。全く神業のようなことをする老人としか思えなかった。

「これからは夫が帰ってきたら、過去の罪を洗い流し懺悔をしながら生きていきます」

女主人は悔恨の涙を流しながら甕の下に隠しておいた千両を老人に手渡した。

酒屋を出立した老人と旅人が安東に着いたのは夜の一二時頃だった。

「どこか行くあてがあるのか？」

老人が尋ねると旅人は行くあてもなく旅立った旅烏、これといって行く所はないといいながらはっはと軽く笑った。多分そんなことだろうと思っていたという風に老人は旅人の袖を引っ張りいっしょにいこうと歩き始めた。

ちょうどその時、安東で金持ちだと知られているチョン・チョシの屋敷から時ならぬ悲鳴が聞こえてきた。初夜を迎えた新婚夫婦の部屋から聞こえてくる新婦の悲鳴だった。結婚の宴を終えて新婚夫婦が部屋に入るや、いきなり新郎が痙攣を起こしたかと思うと息がぴたっと止まってしまったのだ。漢方の丸薬を飲ませたり鍼で指を突いて血を流してみたものの何の効果もなく、急いで呼んだ医者はすでに息を引き取っている死人ゆえに手の尽くしようがないと首を横に振った。結婚の宴はめちゃくちゃになり、チョン・チョシは悲しみにくれて魂が抜けたようになっていた。その時、下人が走ってきて、門の外にある人が訪ねて来て大急ぎでお目にかかりたいといっていると伝えた。訪ねてきたのは老人と旅人だった。

「こちらの婿殿に会いに来たのだが……」

「婿に？」

チョン・チョシは訝しそうに老人を眺めた。亡くなった婿は血のつながりのある者は一人もいない天涯孤独な孤児だったのに、訪ねてくる者がいるということに驚いたのだ。

「どのようなご用件で……？」

チョン・チョシは老人の顔色をうかがいながら注意深く尋ねた。

「用件は婿殿に直接会って話そう」

老人が話すのを聞いてチョン・チョシは直にぶつかってみようと決心して老人と旅人を新婚の部屋に案内した。ろうそくが灯された部屋の中は五色の屏風と絹の布団が敷かれていて新郎が眠るがごとくに横たわっていた。顔が青白くなっているところから見て窒息死したようだった。老人が新郎の脈を取り始めた。

「可哀想に、初夜を迎えることもできずに、こんな風になってしまって……！」

それ以上は言葉に詰まってすすり泣き始めたチョン・チョシを見ながら老人が口を開いた。

「婿殿は死んではいない。窒息しただけだ」

「えっ?」

チョン・チョシは自分の耳を疑った。

「大急ぎで手を尽くさなくてはならないので、隣近所の寡婦たちを全部集めなさい。多ければ多いほど良い」

老人の言葉を聞いてチョン・チョシは大急ぎで下人たちに言いつけて若寡婦から始まって年老いた寡婦まで隣近所の寡婦という寡婦はすべて呼び集めた。新婚の部屋をびっしりと埋め尽くした寡婦たちを見ながら老人は口を開いた。

「今まで泣きたいことがいっぱいあっただろうに、今日はここで思い切り泣きなさい。一番悲しそうに泣く者には充分な褒賞を与えよう」

老人が話し終えると、一人の寡婦が泣き出した。すると全員が競争でもするかのように大声で泣き始めた。

「アイゴー、アイゴー……」

年老いた寡婦が先立って泣き続けると、恥ずかしがって蚊の鳴くような声で泣いていた若い寡婦も感情が高ぶって、新婚の部屋はあっという間に慟哭の海となった。夫のいない悲しさ、辛い嫁としての生活、空閨を守る怨恨……、声に出して今までの怨みつらみを吐き出している一団の寡婦の慟哭の声が夜通し続いた。明け方近く、一番前で泣いていた新婦のヨンシㇽがふと泣き止んだ。新郎がふーと息をしたかと思うと伸びをしたのである。

「目を覚ましましたわ。夫が生き返りました!」

感激したヨンシㇽの叫び声が明け方の空に響いた。死んだとばかり思っていた新郎が生き返ったとは奇跡としか言いようがなかった。

新郎のマンボㇰは両親のいない悲しみの中で暮らしてきた青年だった。他人の家の下僕として辛い生活を続けてきた彼が大金持ちのチョン・チョシの入り婿になるとは誰も想像だにしないことだった。マンボㇰは夢を見ているようだった。来賓客を迎えて結婚式は挙げられたが、彼はこの結婚が現実のように思われなかった。一日中続いた結婚式が終わり、夜遅く初夜を迎えるために新婚の部屋に入ったマンボㇰは、しとやかに自分を迎えてくれる綺麗な新婦の様子を見てはじめて自分にめぐってきた幸せが夢でなく現実であることを実感することができた。その瞬間、過ぎ去った日々の痛みがまざまざと思い出されて涙がこぼれ始めた。マンボㇰは涙を見せないように歯を食い縛った。すると胸の奥から何かがぐっとつきあがってきて息がつまり、遂には意識を失ってしまったのである。

「新郎が窒息したのは抑制されていた今までのハン（怨恨）の塊が一時に噴出しながら気道を塞いでしまったからなのだ。ハンは同じくハンで鎮めないといけないもの。寡婦たちはまさしくこの世で一番ハンが多い者ではないか？　それで寡婦たちを集めたのだ。彼女たちの積もり積もった泣き声が胸の奥深く積もり積もった新郎のハンを解かしたわけなんだ」

老人の説明を聞いて周りにいた人たちは寡婦の泣き声も役に立つという事実に驚かずにはいられなかった。チョン・チョシは財産の半分をお分けしますという提案と共に、一生の恩人としておもてなししますと老人を引き止めたが、今回も千両だけもらうと、その場を発った。

旅人は三千両を背負って汗を流しながら老人の後をついて行った。急いでお金を渡さないといけないことがあると言いながら旅人を急がせていた老人はうっそうとした松林の一本道で歩みを止めた。

「これこれ、ここで少し待っていてくれ。用便を済ませてくるから」

老人は急にお腹を下したかのようにあたふたと林の中に去っていった。

旅人は日が昇るのを眺めながら老人が来るのを待った。ところが、直ぐに戻って来るといっていた老人はなかなか来なかった。近辺の林の中をあちこち探してみたがどこにも老人の姿は見えなかった。旅人に大金三千両を預けたまま消えてしまった老人の本心は何か、到底分らなかった。

「もし魔がさして私が悪気でも起こしたなら……！」

変な気分にとらわれたまま山を下りてきた旅人は、石仏の前で祈っている一人の乙女を目にした。

「弥勒様、私の病弱な父が国から借りた三千両を返すことができなくて牢獄にとらわれております。どうぞ父を助けてください」

石仏の後ろに隠れて盗み聞きしていた旅人は三千両という言葉に耳をそばだてた。老人が旅人に三千両を預けたのは、国からお金を借りて返せず牢獄につながれているかわいそうな父娘を助けなさいということなのだとやっと悟った。彼は背負っていたお金の入った胴巻きを下ろしてそっと石仏の前に置いた。

「お前の健気な心を察して三千両をあげるから急いで帰って父親を救って上げなさい」

旅人の言葉を聞いて乙女はびっくり驚いて石仏を見上げた。そして震える手で胴巻きを胸にしっかりと抱きしめた。

「弥勒様、有難うございます！」

乙女は感激の涙を流しながら石仏の前で深々と頭を下げて挨拶をし、胴巻きを持ってそそくさと去っていった。去っていく乙女の後姿を眼で追っていた旅人は安らかな表情で石仏を眺めた。ソッカ老人にそっくりの石仏が微笑んでいた。旅人は襟を正して石仏に向かって合掌した後、そこを発っていった。朝日がまぶしく光っていた。

6　龍女

「さあ、ここでしばらく休んで行こう」

上官の命令に、長い旅で疲れた兵士たちと下僕たちはほっとしたように、それぞれ自分たちの休み場を探してあちこちに散っていった。彼らは全部鉄山《チョルサン》官庁の所属で副使に従って漢陽に行っての帰りだった。官庁に雇用されている奴僕のトゥチルは近くの池のほとりに休み場を見つけてのんびりと寝転んでいた。時はまさに春だった。周りは桃の花が満開でその香りが辺りに満ちていた。蝶々は蜜を探してひらひらと飛び回っていた。

「箸も対になっているし、草鞋も対になっているのに、相手のいない俺の運命の憐れなことよ。いつになったら嫁さんが見つかることか！」

トゥチルは女恋しさに耐えられないかのように目をつぶっては花の香りをかいだ。その瞬間、突拍子もない怒鳴り声が聞こえた。

「こやつめ、起きろ。そこはわしの居場所だ！」

トゥチルが目をこすって相手を眺めると、白い髭を生やした老人が杖をついて立っていた。

「公の土地に主人なんているものですか？」

トゥチルが言い終わらない内に老人の杖がトゥチルの頭をガツンと叩いた。トゥチルは目から火が出て精神が朦朧とした。

「こやつめ、わしはこの池の主だ。お前が寝ていた所はわしが毎日のように春の陽射しを楽しんでいた所だ！」

老人の言葉にトゥチルがもぞもぞと起き上がってそこを去ろうとしたら、杖が行き先を遮った。

「こやつめ、わしの願いを聞き入れないうちはここを発つことはできない」

「いったいどんな願いだというのですか、うるさいなあ、もう」

頭にできたこぶを撫でながら不平がましくぶつぶつ言うトゥチルを見て老人はニタリと笑うと、懐から手紙を取り出した。

「これを鉄山にいるわしの家族に急いで手渡してくれ。鉄山で一番高い天王峰《チョンワン》の山頂に行くと池が一つあるはずだ。そこで『チョルア、チョルア、チョルア』と三回呼ぶと人が現れるだろう。その人にこの手紙を手渡してくれ」

老人は言い終わると忽然と姿を消した。トゥチルはどうしていいか分らなかった。手にしている手紙が今目の前にした事柄が夢でないことの証だった。

トゥチルは行列から抜け出し、その足で鉄山に向かって走り出した。副使の叱責を恐れたが、老人に対する好奇心の方がもっと強かった。一〇里余りの道を休むことなく走って鉄山に到着したトゥチルは天王峰山頂に登った。やはり老人が言ったように池があった。トゥチルは息を整えた後、大きな声で叫んだ。

「チョルア、チョルア、チョルア！」

すると静まり返っていた池の水面が渦巻き始め、水の中から青い服を着た童子が浮き上がった。トゥチルに近づいてきた童子は丁寧に挨拶をした。

「どういう用件でお呼びになられたのでしょうか？」

トゥチルが老人の手紙を見せると、童子は封筒の表に書かれている字を注意深く見た後、背中に乗ってください とトゥチルに背を向けた。そして目を白黒させているトゥチルを背負うと止める間もなく池の中にドボーンと飛び込んだ。

「わあー！」

トゥチルは悲鳴を上げながら両目をつぶった。童子はトゥチルを背負って風のように進んでいった。水の中なのに服が全然濡れないのが不思議だった。

「さあ、到着しました」

童子の言葉を聞いてトゥチルが我にかえると、目の前に驚くべき光景が繰り広げられていた。美しい珊瑚の林、豪華な城郭、そして天上の音楽のように聞こえてくる甘い旋律……、トゥチルははじめて自分が竜宮に来ていることが分った。果てしなく続く廊下を通り過ぎて別宮に入ると、仙女のように美しい女人が待っていた。

「ご主人様でございます」

そばに立っている童子が耳元でささやくとトゥチルは震える手で女人に手紙を差し出した。

「お父上様が全国遊覧の旅に出かけられた後、便りがなくて心配で気を揉んでいたところです。こうして手紙をお届けくださって何とお礼を申し上げてよいやら、有難うございます」

玉を転がすような女人の声にトゥチルは胸がときめいた。

女人の暖かい配慮でトゥチルは竜宮で手厚いもてなしを受けて夢のような日々を過ごした。

奴僕の身分である彼は生まれてはじめて味わう贅沢だった。できればいつまでもここでこうして暮らしていたいが、鉄山の副使が目を光らせて探していることを思えば不安でたまらなくなった。トゥチルは女人のもとに訪ねていって別れの挨拶をすると、彼女は自分の接待に手落ちがあったのかと心配げな様子をした。官庁の仕事もある上、両親も心配しているだろうから、これ以上留まっていられないとトゥチルが答えると、女人は用事を済ませて必ずまた訪ねていらっしゃいと黄金色に輝く龍鱗を証明書としてくれた。

鉄山に帰ってきたトゥチルが自分の家に行ってみると心配していたことが現実として目の前に起こっていた。トゥチルが何も言わずいなくなってしまったので、鉄山の郡守である副使は兵士を四方八方に送って行方を追跡する一方、彼の父親を牢獄に閉じ込めて息子の行方を白状しろと問責をしていたのだ。トゥチルは急いで鉄山の官庁に走っていって、副使（地方官である郡守）の前に跪いてこれまで自分の身に降りかかった事柄を話し、許しを願った。しかし、トゥチルの話が通じるわけがなかった。

「何、竜宮で暮らしたと？　こやつ、逃げただけでは物足りなくて話にもならない饒舌で官庁の長を侮ろうとしているのか！」

怒り心頭に発した副使が警吏に杖刑を処するよう命令すると、トゥチルはどうしょうもなく女人からもらった龍鱗を副使に見せた。黄金に輝く龍鱗を見て副使の表情が穏やかになった。

「これが龍女からもらった龍鱗だというのか？」

「私めがどうして副使様にうそを申し上げましょうか？」

トゥチルの返事を聞いて副使は考えこんだ。「これがもしかして本物ならお金では計算できないほどの大変な宝物ではないか！」副使の目が貪欲さを帯び始めた。

「これだけでは、お前の話を信じることができない。お前の潔白を証明したかったら本官に直接龍女の姿を見せなければならぬ。その時まで本品はここに保管しておく」

トゥチルは気が抜けてしまった。龍女が果たして彼の願いを聞いてくれるか自信がなかった。それに証明書としてくれた龍鱗まで取り上げられてしまって、どういう面目で龍女に会うか困り果ててしまった。

「期間は今月の一五日まで。お前の父親のことを考えてつまらないことを仕出かさないよう」

副使はトゥチルを放免しろと命じた後、その場を立った。

トゥチルはまた竜宮を訪ねていった。女人は相変わらず懐かしそうに迎え入れてくれただけでなく、トゥチルの泣き言を聞いて心が痛むのか涙まで流した。

「これ以上そんなところで苦労せずに私といっしょにここで暮らしてはいかがですか?」

女人の勧めにトゥチルの胸はときめいていた。しかし、奴僕の身分でどうして龍女の伴侶になることができようか?

「お言葉は有難いのですが、父が牢獄に閉じ込められていて……」

トゥチルが言葉尻を曖昧にすると龍女は微笑を浮かべながらまずそのことから処理しましょうといった。

約束の一五日の夜が明けた。鉄山の副使は兵士たちの包囲の中でトゥチルの案内を受けながら天王峰の山頂に向かった。鉄山の池のほとりは噂を聞いて集まった人たちでいっぱいだった。

「直ぐ龍が現れるでしょう。龍が姿を現す瞬間、皆さんは目をつぶらなくてはなりません。そうしないと大変な禍を受けるでしょう」

トゥチルはくりかえし人々に頼んだ後、池に向かって大声で叫んだ。

「チョルア、チョルア、チョルア！」

その声に応えるように静まり返っていた池の水面が波立ち、空を真っ黒な雲が覆い始めると集まった人たちはおびえた表情で池を見つめていた。瞬間、水柱が空高く突き上がり、巨大な龍が姿を現した。

「龍だ！」

集まった人たちはみんな驚き肝をつぶして頭を地面にこすりつけうつ伏せになっている中、鉄山副使だけは傲慢にも目をかっと見開き龍を眺めた。

「ウルル、クアン！」

落雷の耳をつんざくような轟きと共に怒った龍が天を飛び、副使の乗った馬が狂ったようにいなないたかと思うと地団太踏んで飛びはね始めた。慌てた副使が馬を静めようと力を尽くしたが驚いた馬の疾走をとめることはできなかった。馬は主人を乗せたまま水の中にドボンと飛び込み、助ける間もなくそのまま水の中に消え去ってしまった。あっという間に起こった惨事だった。

そんなことがあった後、鉄山の官庁に徳の篤い新任の副使が赴任してきた。新任の副使はトゥチルを奴僕の身分から解放し、龍鱗もトゥチルに返した。その後、トゥチルは人々の前から姿を隠した。

トゥチルは次第に人々からも忘れ去られていった。

ある年、旱魃がひどくて田畑が干上がり、人々の心も動揺し始めた。副使は鉄山の池のほとりに祭壇を設けて雨乞いの祭祀をした後、雨を降らしてくださいという切実な願いを込めた手紙を池に浮かべた。その日の夜、副使の夢にトゥチルが現れて、直ぐに雨が降るから心配しないようにと言い残して去った。案の定、あくる日の朝早くから雨が降り始め、三日間降り続いた雨は旱魃を癒す以上の量だった。

それからは旱魃になった時は、鉄山の池に行って雨乞いの祭祀を行い、手紙を水の上に浮かべて「チョルア、チョルア、チョルア」と三回唱えると必ず雨が降るという話が伝えられている。

7　龍の井

唐に向かって航海していた貿易船は西海の骨大島《コルテド》近海で暴風雨に遭い、運を天に任せたまま漂流していた。

「西海の竜王の怒りに違いない。このまま航海を続けていると我々全員が死んでしまうだろう！」

狂風と怒涛の中、今すぐにでもひっくり返ってしまいそうに揺れ動いている船を見ながら年寄りの船乗りがため息をつきながら言うと、船中にいた人たちが動揺し始めた。

「穢れのあるものがこの船に乗っているに違いない。くじを引いてそのものを明らかにしないと！」

騒ぎが収まらないのを見て髭を生やした人が前に出て人たちを鎮めようとしたが、死を目前にした船乗りたちの怒った声を鎮めることができなかった。

「さあさあ、皆さん上着を脱いで海に投げてください。すると穢れのある者が誰であるか明らかにすることができます」

年寄りの船乗りの提案にしたがって船に乗っている人たちは皆恐ろしさに震えながら上着を脱いで海に投げた。ところが、不思議なことが起こった。他の人たちの上着は海の上に浮かんでいるのに、たった一人、コタジという若者の上着が海中に沈んだのだ。

この船には唐に派遣された新羅の使臣一行が乗っていたのだが、西海に出没する海賊たちの奇襲に備えるために兵士たちが同伴していたのだ。コタジはその兵士たちの内の一人で弓の腕前が優れていて選ばれた弓を射る兵士だった。

「急いであの者をひき降ろせ！」

年寄りの船乗りが叫ぶと若い船乗りたちがわっと一気に駆け寄った。同僚の兵士たちもどうすることもできない状況だった。船がコタジを降ろして骨大島を離れると風浪はうそのようにピタリと止み、雲の間からは陽の光が差し始めた。

無人島に一人残されたコタジは夕日に染められていく海をぼんやりと眺めていた。このまま死んでしまうには余りにも惜しい年だった。

「選りに選ってどうして私だったのだろう！」

運命を呪うかのようにコタジが拳で岩を叩きながら鬱憤を晴らしていると、いきなり後ろから声が聞こえた。

「君をここに呼んだのはこの私だ」

振り返ると、一人の老人が岩の上に立っていた。コタジはいち早く弓を手にして立ち上がり矢をつがえた。

「ほほう、兵士らしいな。君のその弓で私を手伝って欲しいのだが」

「何者だ、正体を明かせ！」

警戒を緩めないコタジを見ながら老人は口を開いた。

「私はこの島に住んでいる西海の龍だ」

コタジは信じられないといった風に老人を眺めた。

「私についてきなさい」

老人は先に立ってコタジを案内しながら島の奥に入っていった。

骨大島は周囲の波が高く暗礁が多いので船乗りたちの墓場と呼ばれている所で、船乗りたちはそこを骸骨島と呼びながら近づくのを恐れていた。コタジが老人について骸骨のようにそそり立っている岩壁を通過して島の奥に入ってみると、意外にも島の中心に大きな池があった。

「この池の中で私の家族は平和に暮らしていたんだよ。ところが、少し前から一人の年寄りの僧が天から降りてきて陀羅尼の呪文を唱えながら池の周りを回るんだ。すると私の家族たちは精神が朦朧としてきて水の上に浮かぶようになり、そいつは私の家族の肝をえぐって食べるんだ。息子四人が全部殺され、今は私たち夫婦と一人娘が残っているのだが、今晩そいつがまた来るというんだ。私は年老いたうえ病に罹った体でどうしてそいつと闘うことができようか？　私たちが闘っている間、君は岩の後ろに隠れていて弓でその僧を殺してくれないか」

老人の話を聞いてコタジは義憤を感じた。

「弓といえば徐羅伐《ソラボル》（新羅の別名）で私以上の者はいません。お話の通り致しますから、どうぞご心配にならないでください」

自信に満ちたコタジの返事を聞いて老人はやっと安心したようだった。

その日の夜、月が昇ると東の空でピカッと閃光がきらめいたかと思うと赤い袈裟を身に着けた僧が池のほとりに降りて来た。コタジは岩の後ろに体を隠して、息を殺して見守っていた。僧が陀羅尼経を唱えながら池の周りを三回巡ると、池の中から三頭の龍が浮かび上がった。会心の笑みを浮かべて年老いた龍に近づいた僧は肝をえぐろうと手を振り上げた。長く鋭いつめが月の光にきらきら光った。その瞬間、年老いた龍が身震いをしながら水の上に飛び上がった。瞬間、僧は当惑したようだったが、直ぐに身を翻して龍と闘い始めた。

龍と僧がぶつかる度に落雷と地面を揺り動かすような轟音が響き、池の水が狂ったように波打った。余りにも恐ろしい光景に弓を握っていたコタジの手がブルブル震えていた。龍と僧が絡み合っていて弓を射る機会をなかなか見つけることができなかった。双方の接戦もしばらくの間、これ以上闘えないと思った龍が池の中に飛び込んだところ、僧は待っていたとばかり身を翻して龍の背中に乗って首を絞めた。龍は苦しそうに体をひねり、水の中で手足を動かしながら浮いたり沈んだりした。龍の危機だった。

「龍よ、頼むからもう一度水上に飛び上がってくれ！」

コタジの祈りが通じたのか、龍は尾で水面を叩きながら必死になって水上に飛び上がった。あたり一面に立ち込めた水煙の中で龍の背に乗っている僧の姿が視野に入った瞬間コタジはいち早く矢を放った。

「ウアッ！」

眉間の真ん中に矢が刺さった僧は断末魔の悲鳴を上げて地面に転げ落ちた。コタジが弓を持ってそこに走ってみると、僧の姿は見えず頭に矢の刺さった狐が一頭死んでいた。

「千年を生きた狐だ。少しでも遅れていたら、私はこの妖怪のような獣に殺されていたことだろう」

老人は未だに怒りが静まらない表情で狐の死体を見下ろしていた。

「申し訳ありません。ご老人に矢が当たりそうで安心して矢を射ることができませんでした」

コタジの話を聞いて老人はとんでもないと首を横に振った。

「君でなかったらどうして私が生き残れたか？　君は私たち家族の命の恩人だ」

老人はコタジを竜宮に招待して宴会を催し、夫人と娘を紹介した。老人の娘はとても美しかった。

「恩返しをしたいのだが、あげるものといったらこの娘しかない。嫌でなかったらこの娘を君の伴侶にしてくれないか」

コタジは自分の耳を疑った。余りにも美しい龍女が自分の妻になることが到底信じられなかった。

また、船に乗ってコタジが故郷に帰る時、老人は龍女を花に変えてコタジにくれた。花の枝を大切にして徐羅伐に帰ってきたコタジは花瓶にその花の枝を挿して枕元において心を込めて世話をした。ある日の夜、花の中から龍女が出てきてコタジの布団の中にそっと入って来た。夢のような初夜を過ごした二人はその後夫婦になって幸せに暮らした。コタジは妻の願いを聞きいれて家の裏庭に大きな池を掘ったのだが、龍女はその井戸を通して竜宮にいる両親に会いに行ったり、帰ってきたりした。慶州市内にあるというこの井戸を人々は龍井《ヨンウムル》、または十井《シプジョン》と呼んだといわれている。

8 虎女

興輪寺《フンリュン》の夜は更けていき、キム・ヒョンは塔巡りをしながら一日も早く良い伴侶をお授けくださいと願をかけていた。徐羅伐の人たちは二月の初七日になると興輪寺の塔巡りをしながら願をかける風習があったのだが、それを福会といった。夜になると福会に参列した人たちが全部家に帰り、キム・ヒョン一人だけが残って仏様に念願を祈っていたのだ。

キム・ヒョンは老母とたった二人で暮らしていた。百済との戦いで若くして夫を亡くし、息子一人だけに望みをかけて世の荒波を生き抜いてきた母だった。彼は少しでも早く結婚して老母を安楽にしてあげたいと願っていたが、余りにも貧しい暮らしなので誰も嫁に来ようとするものがなく独身のまま暮らしていたのである。

「サクサク……」

キム・ヒョンは先ほどから後ろから聞こえてくる足音を気にしていた。誰かが彼の後ろで一定の間隔を維持しながら塔巡りをしているようだった。キム・ヒョンはしばらく歩みを止めて塔に礼拝する振りをして後ろから来る人をうかがった。女人だった。それも二〇歳になったばかりのように思われる美しい乙女だった。キム・ヒョンが急に歩みを止めると、女人は慌てたようにもじもじしていたがそっと微笑を浮かべて彼のそばを通り過ぎていった。彼女の微笑みを見た瞬間、キム・ヒョンはどうしようもない誘惑に陥った。

「私に微笑みかけたというのは気があるということなのでは？　いや、そんなはずがない！」

果てしなく自分に問い続けながらキム・ヒョンは女人の後について塔巡りを続けた。女人が歩みを止めて塔に礼拝をすると、キム・ヒョンも歩みを止めて礼拝をした。そしてふと二人の目が合った。キム・ヒョンは勇気を振り絞って彼女の手をぎゅっと握った。

「あれ、何をなさいます」

女人の両頬が桃色に染まるのを見たキム・ヒョンは彼女の手を引いて松林の中に入っていた。まだ残雪が見られる林の中で二人は愛の炎を燃やした。

いつの間にか月も沈んで山寺は闇に包まれていた。早朝の礼拝を知らせる山寺の鐘が鳴り始めると女人は慌てふためいて起き上がった。キム・ヒョンは身なりを整えて去ろうとする女人のチマの裾を握り締めた。

「帰ろうとなさっていらっしゃるのですか？」

「帰らなければなりません。ご縁があればまた……」

女人はチマの裾を引っ張り、急ぎながら答えた。

「このまま帰すわけにはいきません」

キム・ヒョンが立ち上がると女人は逃げ出し始めた。キム・ヒョンは急いで彼女の後を追った。彼女を逃がすわけにはいかなかった。女人はどんどん深い山の奥に入っていった。必死になって追いかけていくキム・ヒョンをふりかえりながら女人は困り果てたように叫んだ。

「お願いですから帰ってください。兄に見つかったら生きて帰れないことでしょう！」

しかし、キム・ヒョンの耳には何も聞こえなかった。ひたすら彼女を逃がさないという一念で彼はただただ彼女を追いかけた。

しばらくすると林の中に立っている古びた小屋が見え、彼女はそこに飛び込んだ。キム・ヒョンがついて入ろうとすると女人が前に立ちふさがった。

「まだ遅くありません。さあ急いで帰ってください」

「死んでもあなたを放さないから！」

キム・ヒョンの断固とした態度に彼女はどうしていいか分らないという風にため息をついた。その時部屋の戸が開いて白髪の老婆が姿を現した。

「外に誰かいるのかい？」

老婆の言葉に困り果ててもじもじしている女人を見て、キム・ヒョンは前に進み出て這い蹲るように挨拶をした。

「お嬢さんを私にください」

老婆はあきれたという風にキム・ヒョンを眺めていたかと思うとなだめるように話しかけた。

「この子はあなたとは結ばれない運命です。だからさっさとお帰りなさい」

「どうして結ばれないとおっしゃるのですか？　私たちはもう……」

キム・ヒョンの言葉が終わらない内に、天地を揺り動かすかのような虎の吼える声が聞こえてきた。その瞬間、老婆の表情が固くなった。

「さあ、急いでその人を隠しなさい」

女人は青くなってキム・ヒョンを部屋の中に入れて戸棚の中に隠した。もう一度「ウオー」という吼え声と共に庭に一頭の虎が現れた。獲物を捕らえたばかりなのか口の周りが血だらけだった。

「また人を殺したのだな。悪い奴、神霊が恐ろしくないのか?」

老婆がなじると虎は空中に宙返りをしたかと思うとあっという間に頑丈な青年に変身した。

「人間になるためには生きた人間の肝を一〇〇個食べなければならないんですよ。誰も俺のすることを遮ることができないから」

言い終えて青年は部屋の中に入ってくると鼻をひくひくさせ始めた。

「こりゃ、人間の臭いだ!」

臭いをかぎながら壁の戸棚の方に近づく兄を女人が制止した。

「その臭いはお兄さんが外でつけてきた臭いでしょう。部屋で人間の臭いだなんて、そんなはずないでしょう?」

「間違いなく人間の臭いだ。壁の戸棚を調べなけりゃ」

青年が女人を押しのけて壁の戸棚を開けようとすると老婆がいきなり声を張り上げた。

「これっ、どこに手を出そうとしているのか。そこは父上の位牌が納められている所だ!」

冷たく言い放つ老婆の声にたじろいだ青年は、また虎に変身すると荒々しく唸りながらどこかに去っていった。

「さあ、急いであの人を送り出しなさい」

老婆の言葉にやっと我に返った女人は大急ぎで戸棚の扉を開けて血の気を失って真っ青になっているキム・ヒョンを呼び出した。

「お前の兄がいつ現れるかもしれないから、人家の近くまで連れて行っておあげ」

老婆は二人を送り出し、急いで部屋の戸を閉めた。

霧がかかっている林の道を二人は無言で歩いた。彼らが愛を交し合った興輪寺の松林に着くと、女人は歩みを止めて哀しそうな目でキㇺ・ヒョンを見つめた。

「私は人間でなく虎です。人気が途絶えた夜にここに来て、誰にも知られないように塔巡りをして人間にしてくださいと仏様に祈願していたのです。願いは叶えられなかったのですが、こうしてあなた様にお会いしてお互いの愛を確かめることができ、これ以上の幸せがどこにあるでしょうか」

女人は涙を流していた。

「兄が犯した罪のため私たち一族が懲罰を受ける立場に立たされています。家族の代わりに私が神霊の懲罰を受けようと決心いたしました」

「それはいったい、どういうことですか?」

キㇺ・ヒョンの言葉に女人は弱々しい微笑を浮かべた。

「明日の夕方、城の北側にいらっしゃると虎が現れて人々を威嚇することでしょう。そこであなたがその虎を退治して国からもらえる賞を受け取ってください」

話を終えた女人は引き止める暇も与えず林の方に走り去ったかと思うとあっという間に姿を隠した。

あくる日、徐羅伐の城内に虎が出没し城内一帯が騒がしかった。選りすぐられた兵士たちが動員されて制圧しようとしたが、虎はまるで兵士たちを弄ぶかのごとく東に出没したかと思うと西に現れ、手当たり次第に人を咬み、家畜に害を与えた。朝廷から虎を退治した者には褒賞を授けるという公布まで出されたが、余りにも乱暴な虎だったので誰も進んで退治しようしなかった。

夕方、キㇺ・ヒョンは刀を差して彼女が教えてくれた場所に行った。ちょうどその時、虎の吼える声が天地を揺り動かしている中で人々が悲鳴を上げながら逃げてきた。キㇺ・ヒョンが刀を抜いて前に進んでいくと一頭の虎が飛び出してきた。

「ウオー！」

キㇺ・ヒョンは怖気づいてその場に立ち竦んでしまった。女人の言葉を信じないわけではなかったが、まさに虎を目前にすると頭の中が真っ白になり恐ろしさだけが押し寄せてきた。虎はキㇺ・ヒョンの前に来たかと思うと悲しい眼で彼を見つめた。

「私を殺して国からの褒賞を受けてください」

虎の目には涙が流れていた。

「そうはできない。たった一晩の縁だったとはいえあなたは私の妻だ。妻の命を売って褒賞を受けたくはない」

キㇺ・ヒョンは首を横に振った。

「どうせ私は神霊の懲罰を受けて死ぬ身です。あなたの手にかかって死ぬのが私の願いです。さあ、早く……！」

虎の懇願にもかかわらずキㇺ・ヒョンがどうしても決断できず躊躇っていると、虎はキㇺ・ヒョンが握っていた刀をさっと口にくわえて空中に飛び上がり、地面に頭をぶつけてひっくり返った。あっという間の出来事だった。虎の喉に深く刀が突き刺さったまま息が絶えかけていた。

「あなた、私に咬まれた人たちは、興輪寺の味噌を塗ると傷が治ります。たとえ人間と虎の関係とはいえあなたに会えて愛を交し合え、思い残すことは何もありません。どうぞお幸せに……」

虎はキㇺ・ヒョンをじっと見つめたまま息を引き取った。呆然としていたキㇺ・ヒョンは虎が息を引き取ったのを見て、はじめて我にかえって慟哭し始めた。

人間の道と虎の道は違うとはいえ、このような崇高な愛の前で、どうしてその違いを言い立てることができようか？　キム・ヒョンは虎の死体を引き取り心を込めて葬儀を行った。また、虎に咬まれた人たちには興輪寺の味噌を塗って治療した。王から位を授けられ官職に就いた彼は、後日西川《ソチョン》の川縁に虎願寺という寺を建て、一生虎の恩を思いながら冥福を祈ったと伝えられている。

9　鳳仙花哀歌

元の国の都、瀋陽にも満月が上った。時は仲秋の佳月、月を眺めている太子の目は悲しみにくれていた。彼は祖国を発って元の国に人質として連れてこられて一〇年近くなっていた。

「あの月は高麗の宮殿の上にも上っていることだろうに……、私はいつになったら故国の土を踏むことができることやら！」

郷愁に耽っていた太子は、ふと風に乗って聞こえてくる音色に耳を傾けた。月の光が差し込んでくる中で消え入りそうに聞こえてくる旋律は伽耶琴の音色に違いなかった。

「伽耶琴……、祖国の旋律！」

太子はパッと立ち上がって音が聞こえてくる方に向かって走り出した。次第に早くなる伽耶琴の旋律に合わせて太子の歩みも速くなっていった。ある民家の門の前で歩みを止めた太子は爪先立ちになって塀の中を眺めた。太子の視線の中に窓際で伽耶琴を弾いている女人の姿が入った。窓が全部開いていたので無我の境地に入って演奏している女人の表情から繊細な手の動きまで事細かく見ることができた。

「ああ、何と美しいことか……！」

太子の口から女人に対する褒め言葉とも、音楽に対する褒め言葉ともとれる感嘆の言葉が我知らず漏れていた。

「どなた様ですか？」

音楽に陶酔していた太子は驚いている女人の声を聞いてはじめて演奏が終わっていることに気がついた。

「許せ。伽耶琴の音色に誘われて我知らずここまで……、失礼をした」

太子の言葉に女人は緊張した表情を緩めた。

「もしかして高麗からいらっしゃったのでは？」

「そうだ。異国で祖国の旋律を聞き、感慨無量だ」

「むさくるしいところですが、どうぞお入りください」

女人は高麗人という言葉に懐かしさを隠しきれぬように太子を家の中に招き入れた。彼女も高麗人で名前を鳳仙《ボンソン》といった。

高麗を征服した元は多くの物資と共に数多くの高麗の女人たちを貢女という名目のもとに中国本土に連れて行き、妾にしたり下女として使った。そんな女人たちの中にはキ王妃のように一国の王妃になった人もいるが、大部分は奴隷の生活と変わらない試練の中で望郷の思いを慰めながら生きていく憐れな身の上だった。鳳仙もやはりそんな身の上の貢女の一人で最初はある家の下女だったのが、伽耶琴の腕前を認められて宴会で演奏する妓女になったと言った。

「今日は特にふるさとが恋しくてなりませんでした。そんな心を慰めようと伽耶琴を弾いていたのですが、太子様にお目にかかれるなんて……」

「私も、やはりここに人質として連れてこられた身の上、そなたの身の上と違うところはない」

同病相哀れむ痛みを共有している二人はあっという間に深い関係になっていた。太子は毎晩、鳳仙の家を訪ねて伽耶琴を聴きながら郷愁の思いを慰め、鳳仙は異国に人質として連れてこられて鬱憤の生活を暮らしている太子を暖かく迎え入れていた。そのように二人の愛が深くなっている頃、太子の身の上に大きな変化が生じた。

元の朝廷は、日に日に勢力を伸ばしている高麗の忠烈《チュンリョル》王を牽制するために太子を元の皇女と結婚させて婿として迎え入れ、高麗に派遣することを決定したのだ。故国に帰れるのはうれしいことだったが、政略結婚の犠牲にならなければならない太子の苦悩は大きかった。特に傀儡となって父王と対立しなければならないという立場が余りにも辛かった。

高麗に発つ前の日の夜、太子は鳳仙の家を訪ねて別れの悲しみを分け合った。元の王妃の機嫌をうかがわなければならない彼はこの度の帰国に際して愛人を連れて行ける立場ではなかった。その代わりに故国に到着するとすぐに彼女を連れに来る人を送ると固い約束を残したまま、哀しく泣いている鳳仙を残して太子は出発した。

帰国した太子は父王忠烈王の後を継いで高麗王になった。王位継承をめぐる軋轢を解消させ内政を安定させることで忙しかった王は鳳仙との約束を守る暇がなかった。そして時間が過ぎていき、鳳仙との約束も次第に忘却の彼方に流れていった。

ある日の夜、胸をえぐるような伽耶琴の音色を聞いて目が覚めた王は部屋の戸を開けて外を眺めた。煌々とした月の光の中で消え入りそうに続く伽耶琴の旋律が王の胸に響いた。

「鳳仙……!」

王はいきなりその音色が、鳳仙が好きでよく弾いていた曲だったと分った。

「どうかなさったのですか?」

目を覚ました王妃が近づいて心配そうに聞いた。

「あの伽耶琴の音色を聞いたら昔のことが思い出されて」

「伽耶琴ですって?」

王妃は怪訝そうな顔をして王を眺めた。

「あの音色が聞こえないのか?」

首を横に振る王妃を見ながら、やっと王は自分が幻聴を聞いたことを知った。

数年後、王は皇室の招請を受けて元に行くことになった。亡国の太子として抑留生活をした彼が一国の王となって、また元の国の地を踏むことになり、万感胸に迫る思いがした。瀋陽に近づくにつれて王は胸が躍った。夜毎、幻聴に悩まされながら罪悪感に苦しんでいた王は鳳仙に会って許しを請い、離れ離れになっていた恋しさを一気に取り戻そうと思ったのだ。

瀋陽で公式の日程を終えた王は鳳仙を探すよう使いの者をあちこちに行かせた。ところが鳳仙の行方は分らないままだった。彼女が住んでいた昔の家にも、鳳仙が演奏をしに出かけていた部屋にも鳳仙の消息を知っている人は誰もいなかった。高麗に帰国する日が近づいてくると王は焦り始めた。鳳仙に会わずにこのまま帰る訳には行かなかった。帰国の前夜、王は臣下たちに悟られないように宿所を脱け出し、鳳仙との思い出が残っている町を歩いた。

「自然は昔のままで何も変わっていないというのに、恋しい人はどこにいるのだろう!」

石の欄干にもたれてため息まじりに呟いている王は服を引っ張る気配に振り返った。

「どうぞお恵みください」

高麗の流民のように見える女人が手を差し出して物乞いをした。

「お前は高麗人か?」

肯くかのように首を振っていた女人が王を眺めていたかと思うと驚きの声を上げた。

「もしかして高麗の太子様では?」

「そうだが……」

女人は驚いたように地面に座り込み大声で泣き始めた。

「どうして今頃になっていらっしゃったのですか。可哀想な鳳仙は……」

「鳳仙、鳳仙といったのか?」

王ははっとして聞き返した。やっと探していた鳳仙の消息を聞くことができるのだ。

女人は妓女出身で鳳仙と実の姉妹のように過ごした間柄だった。無口な鳳仙も彼女を実の姉のように慕い、自分の心のうちを隠すことなく話したと言う。

「太子様が出発なさった後、鳳仙は高麗から消息が来るのを首を長くして待っていたのです。ところが太子さまからは遂に何の消息もありませんでした。鳳仙は部屋の中に閉じこもって伽耶琴だけを弾いていました。宴会の席にも出ず、寝食も忘れて、ただただ伽耶琴だけを弾いていました。そんなある日、鳳仙の部屋で夜昼となく聞こえていた伽耶琴の音がピタリと止まってしまったのです。私めが行ってみたところ、鳳仙が伽耶琴の上に倒れたまま死んでいたのです。どれほど伽耶琴を弾いたのか一〇本の指から血をたらたら流しながら……」

女人の話を聞いて王は悲痛な思いを禁ずることができなかった。悔恨の涙を流している王を見ながら女人は話し続けた。

「私が鳳仙の死体を伽耶琴といっしょに埋めてやりました。あの世でも太子様を恋しがりながら伽耶琴を弾いていることでしょう……！」

「鳳仙の墓はどこにあるのか？」

「参られますか？　ここからそう遠くありません」

王は女人に案内を受けて鳳仙の墓に参った。土盛りもされていない貧相な墓が寂しく王を迎えた。王は鳳仙の墓に酒をまき慟哭しながら異国で寂しく死んでいった彼女の魂を慰労した。その時、墓のそばに咲いていた一輪の花に目がとまった。か細い枝に鮮紅色の花をつけている可憐な姿が王の心をとらえた。王はその花を鳳仙の化身と思い、大切に花の種を取り帰国した。

その後、人々はこの花を鳳仙の魂が変わってできた花だといって鳳仙花と呼び、毎年鳳仙花が咲く時、女性は爪を鳳仙花の花びらの汁で染め、一〇本の指から血を流して死んでいった鳳仙の魂を讃えると伝えられている。

10 兄妹岩

嶺南の長者馬《マ》氏家で赤ちゃんの泣き声が聞こえた。庭を落ち着きなくうろついていた馬進士は歩みを止めて耳を澄ました。元気の良い泣き声からして息子に違いないと思われた。確かめてみようと急いで奥の居間のほうに向かっていた馬進士はふと歩みを止めた。先ほどとは違う声が聞こえてきたからである。

「どうして泣き声が二つも聞こえてくるのか？」

「奥様が双子のお坊ちゃまとお嬢様を出産されました」

「何だ、双子だと！」

瞬間、馬進士は顔を歪めた。

家門を継ぐ五代続いた一人息子を得たことは喜ばしいが、双子として生まれた娘が問題だった。双子は不吉な印だと忌避されていた時代だった。馬進士は占い師を呼んで子供たちの未来を占ってもらった。

「双子を育てると厄運がついて回ります。二人とも一九歳を迎えることなく死ぬでしょう」

「一人を遠くにやるとどうなのだ」

「定められた運命はどうすることもできません」

馬進士はため息をついた。道は一つ、五代続いた一人息子を守るためには娘を殺すしかなかった。その日の夜、馬進士は腹心の部下オㇰスを密かに呼んで、夫人に悟られないように双子の娘を取り出して海に放り込んで殺すようにと命じた。おくるみに包んだ赤ん坊を抱いて海辺に行ったオㇰスは赤ん坊を殺すことができず、竹篭に入れて波に乗せた。どうせ死ぬことになるだろうが、少しでも罪悪感から逃れたかったからだ。

歳月が流れて馬進士の一人息子ヨンイは一九歳のりりしい青年になった。娘のいる家の人たちは皆ヨンイを婿に迎えたがり、彼に心を寄せる処女たちが数多くいたが、ヨンイはただひたすら読書と思索に耽り、愛とか結婚などには全然関心を示さなかった。

ヨンイは今日も海辺に行って座り、遠く波の向こうに見えるメモㇽ島を呆然と眺めていた。そこには鬼神が住んでいるといって誰もが接近を避ける禁断の島だったが、ヨンイはどうしてか幼い時からそこが好きだった。苦しい時や悲しい時毎に海に出てきてメモㇽ島を眺めると心が休まり、情緒的に安定を得ることができた。今日は特に夕日に反射して黄金色に光る島が手招きして彼を呼んでいるかのようだった。ヨンイは海にドブンと飛び込んでそこに泳いでいきたい強烈な衝動を感じた。

「ヨンイ様、お父上がお呼びです」

オㇰスが大声で呼ぶのを聞いて、顔をしかめながら立ち上がった。どうせまた結婚しろと小言を言うのに違いなかった。

馬進士は焦っていた。五代続いた一人息子を早く結婚させて孫を得たいのだが、入ってくる縁談はすべて息子がいやだと言うのだ。どうしてかその訳が分らなかった。今度の縁談は吏曹判書だった尹大《ユンテ》監《ガム》（朝鮮王朝時代の正二位以上の官員の尊称）家からだった。どうしても息子を説得してこの縁談は必ずまとめなければと決心した馬進士はヨンイが家に戻って来るや否や言い切った。

「明日、尹大監のお嬢さんと見合いすることにした。朝早く出発しなければならないからそのつもりで準備しなさい」

単刀直入に言い切る父の言葉にヨンイは不満そうな顔をして足元ばかり見つめていた。

「この度の結婚話にはお前の将来はもちろんのこと、家門の繁栄と将来がかかっている、分っているのか？」

ところが何も答えず黙っているヨンイを眺めて馬進士はイライラしながらため息をついた。

あくる日の朝、馬進士家では大騒動が起きた。見合いの当事者であるヨンイが夜の間に神隠しにあったようにいなくなってしまったからである。下人たちをあちこちに手配して探させたり、問い合わせたりして行きそうなところは全部探してみたがどこに隠れたのか到底探し出すことができなかった。

「こやつ、いったいどこに……！」

怒り心頭に発して足音高く庭を歩き回っている馬進士のもとにオㇰスが駆け寄ってきてヨンイがメモㇽ島に行ったようだと伝えた。

「今朝早くヨンイ様が船頭がしらのところに船を一艘借りに行ったそうです」

「何だと？」

馬進士は呆然と立ちすくんだ。鬼神に憑かれない限りどうして禁断の島に入ることなど考えるだろうか？

その頃、ヨンイは必死で丸木舟を漕いでいた。彼には夜ごとに夢に出てくる女人がいたのだ。幼い時から事あるごとに必ず夢の中に現れた少女だった。夢の中の少女が泣いていると悲しいことが起こり、彼女が病気の時はヨンイも病気になった。彼女はヨンイの救いの天使で理想の女性だった。昨晩の夢で彼女は悲しみでいっぱいの表情でメモㇽ島の絶壁に立っていた。そんなに悲しそうな様子は見たことがなかった。彼女の悲しみはそのままヨンイに伝染した。悲しく泣いていて夢から覚めたヨンイはメモㇽ島に行く決心をして急いで家を出たのだ。

早朝の霧の中に幽霊のように浮かんでいるメモㇽ島が近づいていた。ヨンイは力の限り舟を漕いだが、島の周りには荒い波が打ち寄せていて船をたやすく着けられそうになかった。霧が晴れて島の姿がもっとはっきりと見えてくると、海べりの岩の絶壁に立っている女人のシルエットが映った。

「ああ、夢ではなかったのだ。彼女は夢ではない実在の人だった！」

ヨンイは感激に震えながら死に物狂いで舟を漕いだ。その瞬間大きな波が打ち寄せヨンイの乗っている船を強打した。丸木舟は岩の絶壁にぶつかりながら木っ端微塵になり、ヨンイは波の中で気を失った。

意識を取り戻した時、ヨンイは自分を見下ろしている女人の瞳と目が合った。まさしく夢の中で会うその女人だった。体を起こそうとしたが力がなかった。

「私は夢を見ているのでしょうか?」

ヨンイが聞くと女人は静かに首を横に振った。

「溺れたあなたを私が助けたの」

女人は話を充分にできないようで身振り手振りで話を続け、ヨンイははじめて彼女が自分を波の中から救ってくれたことを知った。

彼女の名前はピョㇽ（星）だった。少し前まではおじいさんといっしょに暮らしていたが、おじいさんはすでにあの世の人となり、ピョㇽ一人で住んでいるといった。おじいさんは俗世間が嫌になり、メモㇽ島に隠れて住んでいたせむしの老人だったが、ある日、漁をしていて波に押し流されている幼い赤ん坊を見つけて空から落ちてきた子供だと思い、ピョㇽと名前をつけた。ピョㇽは子供の時から海の向こうの世の中に憧れていた。夕日の中で波の向こうの陸地を眺めながら度々訳の分らない涙を流した。そんな日の夜は必ず少年の夢を見た。ピョルが悲しい時は少年も悲しんでいたし、ピョルがうれしい時は少年もうれしがった。そしてピョルが成長すると共に少年も成長していった。おじいさんが死ぬとピョルは一人で生きていく自信がなかった。彼女は岩の絶壁に座って霧のかかった海を呆然と眺めていた。深い孤独感が押し寄せてきた。死を覚悟して海に飛び込もうとした彼女の視野に幻影のように島に向かって近づいてくる丸木舟が入ってきた。霧の中に艪を漕いでいる青年の姿が現れた時、ピョルは体中に戦慄が走った。そして荒れ狂う波と闘いながら岸に着こうと試みている舟が木っ端微塵になり波の中にその姿が消えた時、彼女は躊躇いもなく海の中に飛び込んだ。

ヨンイとピョルが会ったのは宿命だった。二人は失っていた半分をやっと探し出したような安堵感と安らぎを感じた。顔を見詰め合っているだけでも幸せだった。ヨンイはもう二度と再び陸地に戻りたいと思わなかった。彼はピョルといっしょに永遠に島で暮らしたかった。しかし、運命の神はそんな二人の愛を許さなかった。

ヨンイに食べさせようとあわびを採りに海辺に向かっていたピョルは一群の人たちが島に上陸するのを見た。彼らはヨンイを探しにきた馬進士の下人たちだった。ピョルは急いで岩の陰に身を隠して様子を探った。ヨンイに知らせたかったが方法がなかった。馬進士の一行は直ぐにピョルの小屋を見つけた。下人三、四人を小屋の外に見張りに立たせてオクスといっしょに小屋の中に入った馬進士は部屋の中で寝ているヨンイを見つけて悲しみに胸が塞がれた。

「こやつ、さっさと起きろ！」

馬進士の怒鳴り声にヨンイは絶望した。彼は起き上がって逃げようとしたが、気力がなくその場に座り込んでしまった。

「ピョㇽ……！」

絶叫しながら父親に連れて行かれるヨンイを見ながら、ピョㇽは岩の陰に身を隠し声を殺して泣いた。一行が船に乗って島を離れるとピョㇽは岩の絶壁に駆け上りヨンイの乗った船が夕日の沈んだ海のはるか向こうに去っていくのを見続けていた。

ヨンイと尹大監の娘との結婚準備が速やかに進められていた。その日以後ヨンイは諦めたかのように父親の言うとおりに従っていた。馬進士は息子のそんな様子に安堵しながらも、いつまたぶり返すかもしれないと警戒を緩めずにいた。完全に安心するために、禍の根を切ってしまわなければならないと考えた馬進士はオㇰスを呼びいれた。

「今晩、メモㇽ島に行ってその娘っ子を亡き者にしてこい、絶対誰にも悟られないようにしろ」

密命を受けたオㇰスは夜になるのを待って舟に乗ってメモㇽ島に向かった。満月が明るく輝いていて舟を漕ぐのに苦労はなかった。島に到着したオㇰスは匕首を懐にピョㇽの小屋に近づいた。オㇰスはメモㇽ島事件の後、その乙女が自分が棄てた双子の一人かもしれないとの思いを拭い去ることができなかった。

その頃、ヨンイもメモㇽ島に向かっていた。彼が父親の言うことを聞いていたのは偽装に過ぎなかった。夜昼となくべったりとくっついて監視していたオㇰスがいなくなったので、ヨンイはこっそりと家を脱け出し、盗んだ舟に乗ってメモㇽ島に向かって艪を漕いでいたのだ。オㇰスが彼女を殺すためにメモㇽ島に向かっているとは夢にも知らないまま、ヨンイはピョㇽに会えるという思いで胸をときめかせていた。

小屋の中は空っぽだった。オㇰスは匕首を握って小屋の中を隅から隅までくまなく探したがピョㇽの姿はなかった。台所を探していたオㇰスの目が隅に置かれていた竹篭にとまった。一九年前、彼が赤ん坊を乗せて海に浮かべたその竹篭に違いなかった。

「やはり……！」

オックスは自分の推測が当たっていたことを知って会心の笑みを浮かべた。

ピョルは丘の上の岩の絶壁に立って、月の光にゆれている海をじっと眺めていた。オックスは体をかがめてごそごそ這いながら岩の絶壁に近づいていた。近くで見る彼女の姿は死んだ馬夫人とそっくりなのを知って、オックスは胸がドキッとした。おくるみに包んだ赤ん坊をどうしても殺すことができなかったのは夫人を愛していたからだ。その愛する人が娘を失った衝撃から脱け出せずにとうとうこの世を去った時、オックスは胸が張り裂けるように痛かった。彼女が死んだ後、オックスは誰も愛したことがなかった。

月が雲間に隠れて、周りが闇に包まれ始めると、ピョルは目をつぶった。ふた筋の涙が頬を伝って流れた。もうこれ以上寂しさに耐える自信がなかった。死ぬことを決心したピョルが絶壁の下に身を投げようとした瞬間、オックスがさっと走りより彼女を抱きしめた。

「いけません、お嬢様！」

オックスは気が立った闘牛のように荒い息を吐きながらピョルを地面に投げ倒し、ビリビリと彼女の服を破り始めた。彼女の裸身が現れると気が狂ったようになったオックスは全身を震わせながらズボンを下ろし、ピョルを突き倒して自分の体を押し付け始めた。絶体絶命の瞬間、鈍い音と共にオックスは悲鳴を上げて倒れこんだ。ピョルの悲鳴を聞きつけて走ってきたヨンイが棒切れでオックスを殴りつけたのだ。

「天罰を受ける奴！」

ヨンイは倒れているオックスの顔につばを吐きかけた。

「何だと？　天罰を受けるのはお前たちだ、ウフフフ……」

オックスは狂ったように笑いながら匕首を握って突進してきた。彼の目が狂気にぎらついていた。やみくもに振り回す匕首を避けてヨンイは次第に絶壁の端に追い詰められた。最後の一撃を加えようと心臓を狙って突き出した匕首をどうにか避けた瞬間、オックスは勢い余って絶壁の下に消えていった。

ピョルはまだ衝撃から脱け出せないかのように倒れたまま泣いていた。月の光の中に露わになった彼女の裸身はまぶしかった。ヨンイは静かに近づいて彼女を抱いてやった。ピョルはヨンイの胸の中に熱く燃えながら抱かれていた。柔らかい乳房の感触が母親の懐にいるような安らぎを与えた。ピョルの涙を拭いていたヨンイの手が止まり、二人はしっかりと熱い思いで見つめあった。そしていつの間にか唇を重ねていた。その時だった。天地を揺り動かす雷の音と共に稲妻が走った。二人の男女は明滅する稲妻の中で次第に岩になっていった。

あくる日、ヨンイを探しにメモル島に来た馬進士は、海に浮かんでいるオックスの死体といっしょに、しっかりと抱き合ったまま岩になっている男女の姿を発見して慟哭した。後日、人たちはこの岩を兄妹岩と呼んだが、統営市《トンヨン》の向こうに見える島、メモル島は禁じられた愛に燃えた双子の思いを残したまま、海の上に寂しく浮かんでいる。

Ⅱ　孝行・貞女譚

1　天が授けた孝行息子

雪の積もった丘でちびっ子たちが雪合戦をしていた。ちょうど、そこを通りかかった老人の顔に飛んできた雪つぶてが当たって、老人はその場に倒れてしまった。怖気づいた子供たちは蜘蛛の子を散らすように四方八方にわかれて逃げていく中、一人の子供が老人に近づいてその体を支えながら起こした。雪つぶての中に石が入っていたのか額からは血が流れていた。

「これで拭いてください」

子供は自分の上着の結び紐を解いて老人に差し出した。

「お前が雪つぶてを投げたのか」

「私が投げたのも同然です。いっしょに遊んでいましたから」

老人はその子の顔を穴が開くほど眺めた。

「名前は何と言うのか」

「チェ・サンジョです」

「惜しいことだ！　お前のように英知に長けた子供が虎の餌食になる運命だとは……」

老人は舌打ちをしながらすたすたと丘を登り始めた。彼は当代一の占い師として有名なキム・ケジョだった。

愛する息子が虎の餌食になる運命という話を伝え聞いたサンジョの母は絶望感に襲われ、目の前が真っ暗になった。彼女はサンジョの手を引いて吹雪も厭わず一〇里余りも離れているキム・ケジョを訪ねていった。息子を助けて欲しいと涙を流しながら哀願するサンジョの母にキム・ケジョは「あずかり知らぬこと」と知らぬ顔をしながら相手にもしようとしなかった。天機（天の秘密）が漏れたりすると、万が一にもキム・ケジョ自身にその禍が及ぶかもしれないからだった。門前払いを食ったサンジョ母子は、キム・ケジョの家の前で跪いて泣き喚いた。

「三代続いた一人息子を助けてください！」

吹雪と厳しい寒さの中で母子は哀願しながら夜を明かした。

あくる日の朝、キム・ケジョはどうしようもないといった風にサンジョ母子を家の中に招き入れて、虎の餌食から免れる方法を母子に教えた。

「来る冬至の夜、子供を絶対外に出してはいけない。戸を頑丈に閉め、目を塞ぎ、耳を塞ぎ、外で何事が起きようと見ても聞いてもいけない」

「お言葉通りにすれば虎の餌食にはならないですむのでしょうか」

「定められた運命は変えることはできない。避けるしか……。そして一ヶ所に絶対五年以上留まらないようしなさい。それがこの子が一生背負わなければならない業だ」

「有難いお言葉、胸深く刻んでおきます」

感謝の涙を流しながら帰っていくサンジョ母子を眺めながら、キム・ケジョは深いため息をついた。

「あの子の代わりに失われる命が憐れだ……」

冬至の夜になった。サンジョ母子は厳重に戸を締めて焦燥しながら近づいている禍に備えていた。夜の一二時ごろ枝折り戸に結び付けておいた鈴が鳴り、誰かが入ってくる気配がした。

「サンジョ！」

戸の外でやさしく呼ぶ声が聞こえてきた。ふもとの村に嫁に行った姉だった。直ぐに立って戸を開けようとしたサンジョの前に母が立ちはだかった。

「母さん、姉さんだよ」

「だめ！」

「冬至の小豆粥（韓国では冬至の日に小豆粥を食する習慣がある）を持ってきました。戸を開けてください」

娘が哀願しているにもかかわらず母はビクともしなかった。まさにその時、天地を揺り動かす虎の雄叫びと共に姉の焦った声が聞こえた。

「サンジョ、虎、虎が来たわ。早く戸を開けて！」

急いで立ち上がろうとするサンジョを母は制止し、しっかりと抱きしめた。

「早く、早く、戸を開けて、お願いだから、サンジョ、母さん……！」

必死になって戸を叩きながら泣き叫んでいる娘の絶叫も、三代続いた一人息子を守ろうとする母親の壮絶な執念の前では何の力にもならなかった。続いて響き渡る虎の雄叫びと共に姉の悲鳴が聞こえてきた。

「母さん、姉さんが食い殺される。姉さんが！」

外へ飛び出そうとして足をばたつかせて泣くサンジョを力を振り絞って制止しているサンジョの母の目にも血の涙が流れていた。

そして、無情にも三〇年という年月が流れた。サンジョもすでに四〇歳を目前にしていた。虎に姉を食い殺されてしまった痛みを胸に抱いて母と共に住み慣れた故郷を離れ、さすらいの旅路を歩き始めたその日から、サンジョは「一所に長く住んではいけない」というキㇺ・ケジョの言葉を徹底して守り暮らしてきた。母親といっしょにあてのない行商をしながら過ごした子供の頃はもちろんのこと、結婚して家庭を持った後も、一所に五年以上は住まなかった。しかし、息子のヌベㇰが生まれ、母親が亡くなるとサンジョの警戒心は徐々に薄れていった。その上、水州《スジュ》（水原）に定着してから住民の信頼を受けて戸長という重責を任されるようになると、やっと手に入れた安楽な日常に慣れてしまい、五年が過ぎたことを忘れてしまっていた。

その日、サンジョは還暦の宴会に招かれていき、日暮れになって帰途に着いた。宴会を開いた家で飲んだ酒のせいか、足元がふらついていた。峠の頂に着いたら、遠くに夕餉の支度の煙が上る村が見えた。愛する妻と息子のヌベㇰが待っている愛の巣がそこにあった。

「ヌベㇰも一五歳だ。綺麗な嫁を探して結婚させてあげなくては……」

夕暮れの中に佇む平和な村を眺めるサンジョの顔には幸せな微笑が浮かんでいた。

「ヌベㇰ、お父さん、どうして遅いのかしらね？」

薪を割っていたヌベㇰは母親の言葉に薪割りの手を止めた。早く迎えに行きなさいという意味だということを彼は充分に分っていた。この頃、やたらと心配事が増えた母だった。ヌベㇰは斧を肩に担いだまま村の入り口の外まで出て待っていたが、父親は帰ってこなかった。彼は父親が帰ってくる道の反対側から歩いて峠の頂まで上っていった。しかし、父親の姿は見えず、血のついた革の靴の片方が目に付いた。父の靴に間違いなかった。

「お父さん！」

ヌベㇰは革の靴を手にして父親を呼んだ。聞こえるのはこだまだけだった。林のあちこちに血の跡があった。斧を持った手がブルブルと震えた。

「お父さん、お願いだから生きていてください！」

その時、どこからともなく「ウオー」という虎の咆哮が聞こえてきた。ヌベㇰは歯を食いしばった。父親は虎に襲われたに違いなかった。彼はただひたすらに父親の仇を討たなければという一念で、恐ろしさも忘れて斧を持って虎の啼《な》き声がする方に向かって走っていった。ヌベㇰがうっそうとした松林を分け入って前へと進んでいくと、松の大木の下で赤い袈裟を着た老僧が座禅をしていた。

「少年よ、それ以上行ってはいけない！」

老僧の言葉を聞いてヌベㇰは足を止めた。

「虎が行った方向を教えてほしい。父の仇を討たなければならないのだ」

「お前までが虎の餌になりたくなければ、さっさと戻っていきなさい！」

「仇を討つまでは死んでも引き下がることはできない！」

「それはお前の父の運命だったのだ。誰のせいでもない……！」

「運命であれ何であれ、そいつを殺して腹を裂いて死体を探し、葬儀を行わなければならない。それが子がする道理ではないか？」

老僧はヌベㇰを炯炯たる眼光で射た。

「どうしても行くというのか？」

「二言はない！」

ヌベㇰの断固とした返事に老僧は残念だという様子をしながら叫んだ。

「お前の親を思う心が奇特で命を助けてやろうと思ったが、仕方がない！」

言い終わるや否や老僧はさっと空中に宙返りをし、あっという間に虎に変わった。ヌベㇰが斧を振りかざすと虎は猛々しく吼えながら近づいてきた。

「お父さん、力をください！」

叫ぶと同時に力いっぱい斧を振り下ろした。

「ウオオー！」

鼓膜を破る虎の吼え声を聞きながらヌベㇰは気を失って倒れた。

夢の中でのように老僧のため息が聞こえてきた。

「天が授けた孝行者をどうして害することができようか……！」

しばらくしてヌベㇰが息を吹き返して起きてみると、虎は頭に深く斧が突き刺さって死んでいた。

ヌベㇰは虎の腹を裂いて、まだ腹の中に残っていた死体を取り出した。悲嘆の涙を流しながら彼は父の遺体を懇ろに弘法山《ホンボプサン》の西側に埋葬して葬儀をした後、墓の横に小屋を立て三年の間墓守をしたと言い伝えられている。

2　親に代わって黄泉へ行った孝行娘

　遥か向こうに金剛山が見える景色の美しいコッセムという村にコ・ジュテ長者が住んでいた。彼は生まれつき強欲で偏屈者だった。コ・ジュテが来たといえば泣いていた子も泣き止むほど性悪だった。コ・ジュテの夫人もやはり欲が深く意地悪だという評判で、村の人たちはコ・ジュテ夫婦との付き合いを避けていて、彼の家の近くに行くことさえ嫌がっていた。コ・ジュテは近所の犬が自分の家の前を通ったといって捕まえて犬汁にして食べたり、物乞いに来る者に人糞をふりまくという悪行を厭わなかった。

　コ・ジュテにも心配事はあった。夫婦には息子と娘が一人ずついたが、息子のクㇺドンは欲の深さからしても意地の悪さからしても両親に劣らず、夫婦の愛を独り占めしていた。ところが、生まれつき口のきけないオンニョンは邪魔者扱いを受けながら成長した。コ・ジュテはどうして我が家にあのような者が生まれたのだろうかといいながらそばにも近寄らせず、娘の話をしただけでも眉をひそめた。オンニョンは家族の無関心の中で一人ぼっちで大きくなった。彼女は口こそきけない聾唖者であったが、心根が誰よりも優しい少女だった。

　ある日、托鉢の僧がコ・ジュテの家の門の前で木魚を叩きはじめた。居間で寝ていたコ・ジュテは木魚の音を聞くや否やパッと飛び起きた。

「どこのばか者が恐れもなく、我が家の門前で騒いでいるのか？」

主人の叱責の声に下人が走ってきた。

「ユジョム寺のお坊様だそうです」

「ユジョム寺のクソ坊主がどうして来たんだ？」

「お布施をしなさいということです」

「お布施？」

コ・ジュテの目が山猫のように光り始めた。彼はさっと立ち上がって納屋に走っていき、シャベルいっぱいに牛の糞をすくい「やい、このクソ坊主、これでも食らえ！」と、僧のずだ袋に牛の糞を放り込んでゲラゲラ笑った。

「憐れな奴、黄泉へ行くのが直ぐだということも知らず……！」

僧は憐れみの眼差しでコ・ジュテを眺めていたが、意味の分らない言葉を残して僧衣をひるがえしながら去っていった。

「何、黄泉？　あのクソ坊主が何の無駄口をたたいているのだ？　縁起でもない。お前たち、門の前に塩をまけ！」

豪気に大声で命じながらもどうしたわけか僧の言葉がコ・ジュテは気になって仕方なかった。

その日の夜、尿意を催し目が覚めたコ・ジュテは、何と黒い服を着た人が自分を睨みつけているではないか。顔は青白さを通り越して真っ青な色で、炯炯とした眼差しは肺腑を突き刺すようで見ただけでも自分の過ちがばれるかとひやひやしてしまい、体がブルブル震えた。

「どなた様ですか？」

「お前を連れに来た黄泉の国の者だ」

「よ、よ、黄泉の国の使者……！」

コ・ジュテは真っ青になった。

「お前の寿命が尽きたことを報せに来た。この月の末日に連れに来るから準備をしておけ！」

「まだ五〇にもなっていないのですが？」

「お前の悪行に比べて長生きしたと思え……。じゃ、末日に会おう」

コ・ジュテは去っていこうとする黄泉の国の使者の裾にしがみついた。

「ああ、お使い様、どうぞお助けください。私の財産の半分を差し上げますから！」

「ふふふ、億万金であっても一日も寿命を延ばすことができるものか！」

笑い声を残して黄泉の国の使者は去っていった。

「お使い様、使者様！」

声の限り叫んでいて目が覚めてみると夢だった。コ・ジュテの額には冷や汗が流れていた。そういえば、直ぐに黄泉の国へ行かなければならなくなるといった僧の言葉がうそではなかったようだ。

夜が明けるとコ・ジュテはユジョム寺に僧を訪ねていった。彼は僧の前に跪いてこの前自分の犯した無礼を許して欲しいと謝った。そして一万両をお布施するので、死を免れる手立てを教えて欲しいと哀願した。

僧はどうしようもないといった風に口を開いた。

「手立てが全然ないわけではないが……」

「それは何ですか？」

「あなたの代わりに黄泉の国へ行く人を探せば良いのだ。しかし、それは容易いことではないだろう？」

「だから、私の代わりに死んでくれる者を探せば良いということですか?」

「そうだ」

「ウハッハッハ、私はもっと難しいことかと思ったのだが。そんなに簡単なことを……。お坊様。有難う。一万両は少し負担が大きいので百両差し上げます」

コ・ジュテは僧に銭を結んだものを放り投げて、軽やかな足取りで山を下りていった。

村の角にある石橋の下に一人の乞食が住んでいたが、彼はお腹いっぱい思い切り食べてから死ぬのが一生の願いだと言っていた。この噂を聞いてコ・ジュテは待ってましたとばかりその乞食を家に呼んで彼が望む食べ物をすべて準備してやった。生まれつきのけちで有名なコ・ジュテであったが、この際命がかかっているので何も惜しくなかった。乞食は三日間飽食した後、あくる日は一日中ぐっすりと寝込んでしまった。彼が目を覚ました時、コ・ジュテは願いを聞いてあげたから私の代わりに死んでくれと頼んだ。その言葉を聞いた瞬間、乞食は食あたりでもしたのか、急にしゃっくりをしたかと思うと後ろも振り返らず一目散に逃げていった。コ・ジュテは胸を打って嘆いた。

コ・ジュテに耳寄りな情報が届いた。死ぬことが願いの老人がいるという話だった。コ・ジュテは老人の掘っ立て小屋を訪ねていった。高齢の老人はとても貧しい上、重病に臥せっていて、そのままでいてもすぐに死にそうな状態だった。

「閻魔大王は冷たい方です。早く私を連れていかないで、どうしてこのような苦痛をお与えになるのか?」

老人が愚痴を言いはじめると、コ・ジュテは彼に耳元でささやいた。「おじいさん、いい方法があります」

「それは何なのか?」

「この月の末日、私の代わりに死ねばいいのです」

「何だと、こいつ！」

老人は熊手のような手でコ・ジュテの胸ぐらを掴んだ。

「こやつ、冗談にも程があるというものだ、死んだら大臣も生きている犬ほどの値打ちもない（韓国の故事）というではないか。この畜生にも劣る奴めが！」

悪態をつき暴れる老人をやっとの思いで突き放してコ・ジュテは逃げるがごとくにその家を脱け出してきた。死にたいという言葉は全部本心ではなく、本当に死にたいと思う人はこの世に一人もいないということを彼は悟った。こうなると下人たちもお互いにちらちらと目つきを見ながら彼を避け始めたし、妻や息子でさえ彼と目を合わせようとしなかった。

「あなた、私が死んだら息子のクㇺドンとオンニョンを誰が面倒を見るのですか？」

「お父さん、私が死ぬと我が家の血が絶えることになるし、どうしたらいいでしょうか？」

母子は口を合わせでもしたかのように先手を打って出てくるのには流石のコ・ジュテもどうしようもなかった。コ・ジュテはやっと孤独が何であるか分った。彼は絶望に陥って食と水を一切絶って部屋に閉じこもった。あれ程必死になって集めた財産ではあるが、死の前では無用の物に過ぎなかった。

「こういうことだったのか……。私の人生の果てが……！」

彼は過ぎ去った歳月を非情に生きてきたことに後悔を始めた。一筋の涙が彼の頬を伝わって流れた。その時だった。誰かが戸を叩く音がした。部屋に入ってきた人は意外にも口のきけない娘オンニョンだった。日頃、コ・ジュテのそばに近づくことさえ恐れていた彼女はそっと父親のそばにきて父親の涙を拭いた。そして真剣な眼差しで父親の代わりに自分が死ぬと話した。

「お前が……お前が……？、ああ、可哀そうな私の娘よ！」

コ・ジュテは娘を抱きしめて熱い涙を流した。

月末の夜になった。オンニョンはコ・ジュテの服を着て居間で布団をかぶって横たわっていた。子の刻を知らせる山寺の鐘の音がかすかに消えていく頃、黄泉の国の使者が訪ねてきた。彼女は待っていたかのように黄泉の国の使者についていった。

黄泉の国への道は遠くて荒涼としていた。喉の渇きがひどかったが、一杯の水もくれなかった。砂利道をはだしで歩いたので足が腫れて血が流れたが、黄泉の国の使者は気にもしなかった。

「こやつめ。喉が渇き、腹の空いた人たちに一杯の水、一粒の米を施すという善行をしたことがあるのか？　これからお前の貪欲の代価をとことん払うことになるだろう」

黄泉の国の使者は薄気味悪く笑った。

閻魔大王の前には多くの霊魂が連れてこられ審判を受けていた。すべての霊魂は生きている時、善行を行って善良に暮らしていたと弁明していたが、そこではうそは通用しなかった。閻魔国の鏡に映してみると、彼らが生きていた時にした行動のすべてが現れるからである。オンニョンが連れてこられて跪くと閻魔大王は大声で叱り付けた。

「お前が、あの悪名高い海東国のコ・ジュテなのか？」

オンニョンは肯いた。

「さあ、こいつが生きている時、仕出かした悪行がいかなるものが直接見せてやれ！」

黄泉の国の臣下たちが明鏡を持ってきてオンニョンを映すといじめと悲しみに彩られた彼女の人生が鏡の中でパノラマのように映し出された。そんな中でも彼女は善行を積むことを忘れなかった。寒い冬の日、貧しい少女に自分の服を脱いで上げたかと思うと、物乞いの僧に誰にも知られないようにお米をあげてコ・

ジュテに叩かれている様子も見られた。オンニョンが父親に代わって死を自ら申し出る段になると閻魔大王はそれ以上居たたまれなくなって涙を流した。

「こんなに優しい娘がいるとは……、このように！」

しばらくして、閻魔大王はオンニョンを眺めながら慈愛のこもった声で話した。

「心の美しい娘よ、これからは口がきけないと周りから言われないようにしてあげよう。地上に帰って幸せに暮らしなさい」

すると、不思議なことにオンニョンが話し始めた。

「父を許してくれないかぎり帰るわけにはいきません」

オンニョンが泣いて訴えると、閻魔大王は考え込んでしまった。

「孝行娘よ、お前の奇特な親を思う心を考えて、父親の寿命を延ばしてあげよう。もうこれ以上罪を犯さないようにと父親に伝えなさい」

オンニョンは閻魔大王の配慮に感謝しながら深くお辞儀をして黄泉の国から出てきた。

オンニョンが生き返るとコ・ジュテは感激の涙を流した。娘から閻魔大王の言葉を伝え聞いたコ・ジュテは、今までの行いを深く反省して、残りの人生は徳を積み、善行を施して暮らしたという。その後、閻魔大王は黄泉の国に来てうそをつかないで生前に善行をしなさいという意味で、この世に冥府の鏡と全く同じ形を作って建てた。これが有名な金剛山の明鏡台といわれている。

3　コリョジャン（高麗葬）

真昼にも虎が出没するという険しい太白山《テベクサン》の中腹、赤く紅葉した稜線を辿って背負子に老母を乗せて担いだ息子は重苦しい足取りで歩いていた。国法に則って年老いた母を山に捨てに行く途中だった。

元の支配を受けていた高麗時代の末期、長く続いた戦争の後遺症と、元の収奪で国庫は底をつき、旱魃と飢饉が重なって飢え死にする人たちが続出していた。そこで国は窮余の策として七〇歳以上の老人は山の奥深くに捨てろという布告を出したのだ。いわゆる高麗葬と称されている非情な法令が公布されたのである。

息子も口を閉ざし、老母も無言だった。黙って歩いている息子の足元に松の小枝がポトンと落ちた。息子は先ほどから背負子の上で老母が松の小枝を折って落としているのを目ざとく気づいていた。息子は足を止めた。

「お母さん、どうして松の小枝を道に落としているのですか？」

息子の問いに、老母は静かに答えた。

「お前が帰る時は日が暮れてしまっているだろう。うっそうとした林の中でどのように道を探すことができよう？　道に落ちている松の小枝を目印に歩いていけば無事に帰ることができるだろうよ」

息子は胸が張り裂けそうになりそれ以上前に進むことができなかった。

「お母さんは死を目前にしても息子のことを心配していたのだな！」

息子は背負子を下ろして老母の痩せた胸に顔を埋めて幼い子供のように泣いた。いくら国法が厳しいといっても、到底母親を山に捨てて帰ることはできなかった。息子は母親を洞窟の中に隠して毎晩誰にも気づかれないように食べ物を運んだ。

この頃、国に大きな心配事が生じた。元から使者が来て三つのなぞなぞを出していったのだ。そのなぞなぞを一月の内に解くことができなければ、貢物としてお米三万石と女三千人を捧げろというのである。ところが、そのなぞなぞが余りにも怪異で、国中の有名な碩学や大臣を総動員して智恵を絞ったが、到底解くことができなかった。思い余った朝廷はなぞなぞを解いた者には高い位と褒賞を与えるという公布を出したが、何の効き目もなかった。期限がどんどん目前に迫ってくるので朝廷の心配はただ事ではなかった。

息子は今日も握り飯を包んで老母を訪ねてきた。息子の悩んでいる様子を見て母親が尋ねた。

「これ、息子。顔色がよくないが、この母のためなのかい?」

息子は国に大きな心配事が起こったといいながら、なぞなぞの話をした。

「そのなぞなぞが解けないと米三万石と、何の罪もない処女三千人もが元に連れて行かれるようになるので心配なんです」

「ちょっと待って、その問題というのが何だって?」

母の問いに息子はなぞなぞを一つずつ話し始めた。

「まず最初のなぞなぞは、くねくね曲がった穴が開いているたくさんの玉を細い絹糸でつなぎなさいというものです」。「アリの腰に絹糸を結び、穴に蜂蜜を塗っておくといいんだよ。アリが蜂蜜を求めて穴を通過すると自然につながるだろう?」

息子はなるほどと膝を打った。

「二番目の問題は、両端の厚さがまったく同じ大木の根元があるが、どちらが根でどちらが枝なのかを探すことです」。「それは水につけてみれば直ぐ分るよ。水の中の方に傾く方が根だろうよ」

「なるほど。三番目の問題は、姿と大きさが全く同じ二頭の馬を見くらべて、手で触らないでどちらが母馬でどちらが子馬なのか見分けろというのです」

「馬は歯を見ると年が分るんだよ。でも、手で触ってはいけない……。方法は一つしかないようだね」

「どんな方法ですか?」

「三日間食べ物を与えないで、四日目に食べ物を与えると後で食べるのが母馬だよ」

余りにも簡単に問題を解く母の前で息子は開いた口がふさがらなかった。

息子は官庁に駆けつけ、村の太守になぞなぞの答えを奏上した。国の最高の地位にいる碩学たちも解けなかったなぞなぞを一介の村人が解いたという知らせが国中を沸き立たせた。王も国の憂いごとを解決してくれたと功績を讃えて、太守に充分に褒賞を与えるよう命じた。太守の前に呼び出された息子はなぞなぞを解いたのは自分ではなく、母親であることを告白した。そして高麗葬しなければならない老母を隠しておいたので、賞ではない罰をお与えくださいとすすり泣いた。太守は何よりも七〇歳という高齢の者がその難問を解き明かしたということに驚いた。太守は息子に母親を心安らかに扶養することができるようにしてあげることを約束しながら、太守自らその洞窟に訪ねていった。息子が太守一行と共に洞窟にたどり着いて見ると母親はすでに死んでいた。これ以上息子に迷惑をかけないようにと老母自ら命を絶ったのだ。

このことを機会に老人の智恵も国事に大きな助けとなるという事実を悟った王は高麗葬の法をなくし、かえって孝行を奨励するようになったといわれている。

4 我が子を殺してまで孝行する（棄児俗）

「お父さん、後どれほど行ったら着くの？」

「アア、もう少しだよ」

「そこに着いたら、本当に山ぶどうや野いちご、いっぱい摘むことができるの？」

「……」

楽しそうに小走りにかけていく息子のヨンイを眺めながらキョンヨは深くため息をついた。空には今にもひと雨降りそうに真っ黒な雲が覆っていて、陰惨なカラスの鳴き声までが彼の心を揺り動かしていた。キョンヨは覚悟を新たにするべくもう一度懐の刀を握り締めた。

「お父さん、早くったら」

ヨンイは、今行く道が死への道とも知らず父親に道を急がせていた。

キョンヨは幼くして母親と死に別れ父親の懐で成長した。片親だけで育ったとはいえ、父親の格別な愛と慈しみの中でキョンヨは立派に成長した。良家の娘を嫁として迎え、息子も生まれた上に科挙にも合格し、官職にも就いた。波風もなく幸せいっぱいのように見えた彼の人生は父親が原因不明の皮膚病にかかったことで亀裂が生じ始めた。体中に腫瘍ができ始め、皮膚が次第に腐っていく恐ろしい病気だった。人一倍孝行者の彼は官職を辞して故郷に下りてきて真心を尽くして看病した。ところが、どんな薬も効き目がなく、病勢は日増しに悪化していったのだ。

三年という月日が過ぎた。長い看病の生活で家計は苦しくなり、父親は辛うじて息をしているだけで、生きた屍同様だった。周りの人たちは、できるだけのことはしたのだからもうそれくらいで諦めた方が良いと助言してくれた。それでもキョンヨはその助言を聞き入れようとしなかった。幼い息子の心の傷になるかと再婚もしないで一人身で育ててくれた父親の愛を思うと、じっとしていられなかった。医者たちも病気が移るかとそばに近づこうとせず、妻もそばに行くのを躊躇ったが、キョンヨは毎日父親の体を手ずから洗い、体にできた腫瘍の膿を吸って毒を吐き出した。

そんなある日、名医との評判の高い医者が清国から来たという噂を聞いてキョンヨは大急ぎで漢陽に上っていった。大金を積んで初めてその医者と二人きりで会うことができたのだが、キョンヨから病勢を聞いた医者は首を左右に振った。それは清国でも大変珍しい病気で、たった一つだけ薬がある。ところが、それは手に入れることができないものだといった。キョンヨはこの世で手に入れられないのなら、あの世に行ってでも手に入れて見せるといいながら、どうぞその薬が何か教えてくださいと哀願した。医者は不憫だというふうにキョンヨを眺め、しばらくして口を開いた。

「人間の生の肝を食べると、もしかして治るかもしれないが、どのような方法でそれを手に入れることができるというのか?」その日からキョンヨはほとんど飲まず食わずの状態で悩み始めた。この世の誰にも、妻にさえ相談することができない問題だった。キョンヨは初め、自分の肝を父親にあげようと考えた。しかし、親に先立つのも親不孝であるだけでなく、彼が死んだら誰が父親の面倒をみるのかと思ったら目の前が真っ暗になった。葛藤の果て、キョンヨは悲壮な決断を下ろした。

「子供はまた産めばよい。息子ヨンイの肝を差し上げよう」

彼は気を強く持ち、砥石で刃を研いで匕首の刃を鋭くした。誰にも知られないようにこっそりとすべてをし終えなければならない。キョンヨは妻に悟られないように密やかにヨンイを連れて門の外に出た。山ぶどうを採りに行こうというと何のためらいもなく子供はついて来た。路地の石垣道を抜け出そうとした時、水甕を頭に載せて歩いてくる妻と出くわした。

「どこかへお出かけですか?」

「ウ、ウン。山、山ぶどうを採りに……」

「食事前に山ぶどうだなんて? 食事を済ませて行かれては……」

そんな話に耳も傾けず、さっさと去っていく父子の後姿を眺めながら、夫人は「あの子が、また駄々をこねたんだろう」と思い、そのまま家に向かった。

目的地がだんだん近づいてきた。葛のつると潅木が入り混じっている草原を通り過ぎ、柏の木がまばらに立っている空き地に出た。

「お父さん、山ぶどうどこにあるの?」

キョンヨは足を止めて涙ぐみながら息子を眺めた。今、やっと六歳になったばかり。この天真爛漫な幼い子供をどうして殺すことができようか? 彼は息子を強く抱きしめた。溢れる涙を辛うじてこらえた。

「ヨンイ……」

「なに?」

「鬼ごっこしようか?」

「山ぶどうはいつ採るの?」

キョンヨは準備してきた布でヨンイを目隠しした。

「こうして後で見ると山ぶどうや山イチゴがいっぱい目の前にあるよ」

そして葛のつるで柏の木にヨンイをくくった。父親を疑うことなく信頼して体を任せている息子を眺めながら、キョンヨは罪の意識で体中がしびれてきた。彼は気を取り直し、懐から匕首を取り出して握った。

「ヨンイ、どうぞこの父を許してくれ。あの世でまた会おう！」

心の中で許しを請いながら匕首を握って近づいていくキョンヨの手がブルブル震えた。

ちょうど、その時「ちょっと待った、何をしようとするのだ！」という叫び声と共にキョンヨの視野に弓を持った男の姿が入ってきた。通りすがりの狩人だった。キョンヨは首を垂れ、すすり泣き始めた。

「それは大変お気の毒なことで。でもいくら親孝行が大切だといえ、息子を自分の手で殺すことができるものですか。私に任せてください。私が処理して肝を持ってきましょう」

キョンヨの事情を聞いた狩人はさばさばした口調で話した後、ヨンイを連れて林の中に去っていった。そして、しばらくして血のついた肝を持って現れた。

「さあ、冷めない内に父上に差し上げなさい。息子の死体は私がちゃんと埋めておいたから」

そして振り返りもせず、大股でのっしのっしと去っていった。キョンヨは感謝の言葉も忘れて山を転げるように下りていった。

父親は肝を食べた後、うそのように快癒した。不思議なことに膿んで崩れていた傷口から新しい肉が出てきて血色もよくなってきた。父親は自分が熊の胆を食べてよくなったと固く信じていた。キョンヨは家族にヨンイを寺にやったとうまく言いつくろった。家に置いておくと短命な運命なので一〇年間、入山して修行すると厄を免ずることができるが、それまでに家族と会うとだめになると家族には念を入れておいた。ヨンイのことを思い出すたびにキョンヨは忽然と家を出てあちこちの山や大きな寺を訪ねて、息子の冥福を祈った。

一〇年という歳月が無情にも過ぎ去っていった。七〇歳を過ぎた父親は孫が帰ってくる日を指折り数えて待っていた。カササギが鳴いても門の外に走っていき、風の音にも障子を開けた。いくら待ってもヨンイが帰ってこないので老人は「死ぬ前に可愛い孫と会えないのだな！」とため息をつきながら泣き暮らしていた。キョンヨは困り果ててしまった。どうしようもなくヨンイを連れてくると父親をなだめて家を出た。ところがどこへ行けばいいのか？　村はずれの大樹の下でぼんやりと座って遠い山を眺めていると悲しさがこみ上げてどうしようもなかった。大樹の上では親カササギが忙しく動き回りながら子カササギに餌を食べさせていた。キョンヨは膝に頭を埋めて大声で泣き始めた。

その時、誰かが近づいてくる気配がした。

「もしもし、どうして泣いていらっしゃるのですか？」

穏やかな声だった。

「取るに足らない鳥たちも自分の子供を養っているのに、元気な息子を自分の手で殺したこの罪をどうしたらいいのか、アア……！」

すると、静かに近づいてきた若者の手がキョンヨの手を握った。暖かいぬくもりが伝わってきた。

「お父上、私……ヨンイでございます」

「何だといった？　ヨンイだといったのか？」

キョンヨは涙に濡れた顔をあげて若者を見上げた。一〇年が過ぎていったものの、彼はすぐに息子の顔が分った。「お前が、お前が生きていたというのか？」

ヨンイは微笑みながら静かに肯いた。

「ヨンイ、どうかこの父を許しておくれ」

「父上がお祖父様のようになられたら私もそのようにしたでしょう」

「ヨンイ……！」

キョンヨは息子を抱きしめて熱い涙を流した。

その日、狩人がヨンイの肝だといってキョンヨに渡したのは、実は猪の肝だった。彼は義の人だった。キョンヨ父子の不憫な話を聞いて、まず、息子から助けなければならないと考えた狩人は猪を捕らえ肝を取り出しキョンヨに渡した後、ヨンイを自分の家に連れ帰って一〇年の間、実の息子のように養った。そしてヨンイが一六歳になると、もう成人したのだから実の親の下に戻るのが道理だと言って、背中を押すようにして見送ってくれたというのである。

りりしく成長して現れた孫を見た老人は子供のように喜び、キョンヨの妻も感涙にむせった。ヨンイも孝行な息子で、父母を手厚く扶養したので、キョンヨ夫婦は幸せな老年を過ごしたという。

5　蝶々夫人

一六歳の、今を盛りに美しい処女ウンシㇽがかごに乗って嫁に行く。白いかごは新郎が亡くなっている場合に乗るかごだ。処女が寡婦の生活をするために嫁に行くのだ。当時のヤンバン家では幼い時期に婚約をしておいて成人すると日を定めて婚礼を挙げる風習が盛行していた。ところが、成婚するまでにどちらかが死んでしまうこともありうる。新婦の方がそのような場合は新郎側では破婚宣言をして堂々と新しく嫁を選んで結婚することができたが、新郎が死んだ場合は新婦はウンシㇽのように白いかごに乗って嫁に行かなければならなかった。

一度も顔を合わせたこともないまま、両家の親が取り交わした約束の因縁だった。結婚式を指折り数えながら夢の中で婚約者の姿を描いていたウンシㇽは、相手が死んだという知らせを聞いてもそれがどういう意味なのか理解することができなかった。ウンシㇽはヤンバン家の道理を守らなければならないという両親の考えどおり、喪服を着て哭《コク》（人が死んだときや祭祀の時、声を上げて泣く儀式、またはその声）をしながら亡くなった婚約者を弔った。そして住みなれた家を離れて嫁ぎ先にいかなければならない瞬間が来たのだ。花嫁衣裳とかんざしの代わりに喪服を、華やかに飾られたかごの代わりに白いかごに乗って亡くなった新郎の家に向かうことになった。悲しみをこらえて娘を見送る両親と、同情の目で彼女を眺めている隣人たちの様子から、やっとウンシㇽは自分にふりかかった過酷な運命の実体を悟るようになった。

嫁ぎ先ではウンシㇽに烈女（貞女）になることを強要した。家門の女性が烈女だという噂が広まると、国から烈女門が下賜されて家門の名誉はもちろんのこと、税金の免除と共に官役や兵役免除などの特典までもらえるからだ。嫁ぎ先では犠牲者が必要だったのだ。

ウンシㇽが起居する別棟では男性の出入りが禁止され、性行為を連想させるといって、臼で搗く仕事や棒で叩く仕事も禁じられた。彼女はこの統制された空間の中で亡くなった人を弔いながら暮らさなければならなかった。烈女になるためにはいつも身も心も清潔にして、感情を節制し、死者を弔う時は塀の外まで聞こえるように大声で悲しく泣いて哭をしなければならなかった。そうしてこそ、隣人たちはその泣き声を聞いて「本当に烈女だ！」と賞賛の声が起こるからなのだ。

挙句の果て、夫の墓地のそばに天幕を張って、そこで起居しながら朝晩となく大声を上げて泣く哭をするよう強要された。彼女はそれが自分の運命だと思い素直に従った。ある日の夜、墓のそばで泣き疲れて倒れたウンシㇽはもうこれ以上自分を支える気力がなくなってしまったのを感じた。

「ああ、あなた、本当に魂というものがあるのならどうぞあなたのそばに連れて行ってください！」

彼女が嘆きの言葉を言い終えると、墓が二つに割れ始めた。そして墓の中から夢の中でだけ会えた夫が出てきて、ウンシㇽに手を差し伸べた。彼女は震える手で夫の手を掴んだ。

「私といっしょに行きましょう」

夢の中でのようにかすかな声が聞こえてきた。

しばらくして、天幕の中で居眠りをしていた下僕のサㇺウォンはおかしな気配を感じて外に出てきて驚くべき光景を目撃した。ウンシㇽが誰かの手に引かれて割れた墓の中に入っていくではないか！

「ご主人様、お待ちください！」

急いで叫びながら走っていったサㇺウォンがウンシㇽの服の裾を握ってしがみついた瞬間、墓は閉じてしまった。そしてウンシㇽの姿は墓の中に呑み込まれたように消えてなくなり、サㇺウォンの手には破れた服の裾だけが残ったのである。サㇺウォンは魂が抜けたようにウンシㇽが残していった服の裾を眺めていた。

その時、三角にちぎれた服の裾があっという間に白い蝶々に変わり、ひらひらと空に舞い上がっていった。

6　烈不烈

「ハッハッハ……」

けだるい梅雨が続く夏の日。縁側に座って降りしきる雨を眺めていた安《アン》老人がいきなり豪傑笑いをした。普州《ジンジュ》生まれの妻は老人のその笑い声がどうしてか薄気味悪く感じられた。

「お前さん、どうしてそんな風に笑うの?」

「何でもないよ」

「何か訳があるから笑ったんでしょ?」

「訳? そんなのない……」

うやむやにしてしまう老人。

その日の夜、寝床に入った妻は昼間のことがどうしても気になって仕方なかった。

「お前さん、今日の昼、どうしてあんなに笑ったの?」

「何でもないといったら、うるさいな!」

いらいらして答えた老人に腹を立てた妻は布団をかぶって向こうを向いてしまった。

しばらくして、安老人はすねている妻の気分を変えようとするかのように、一生胸にしまいこんでいた秘密をさらけ出し始めた。

「いまさらお前と私の間で何の隠し事があろうか。お前の前の夫、その人を、実は……、私が殺したんだ」

余りにも意外な夫の告白。

「冗談にも程があるもの。いきなり根も葉もない呆れた話を……。急に気でもおかしくなったのかい？」

「冗談じゃなくて本当だ。城隍堂《ソンファ》に隠れていて市場から帰ってくるその人を殺したんだ。そして誰にも分らないように闇に葬ったんだ」

「……」

その話を聞いた瞬間、妻は頭の中がこわばってしまった。

「今日、廂の先で落水が泡を立てるのを見ていたらふと、あの時、彼の首を絞めた時、泡を吹いて私を睨みつけていた顔を思い出して。

ところが、そのように死んだ人はあえなく生を終え、罪を犯した私はお前と四〇年も共に老いてこのように楽しく暮らしているとは……。人生において正義というものは何だろうかと思ったら、急に馬鹿らしい思いがしたんだよ」

「……！」

「お前を手に入れたくて、どうしても自分のものにしたくて、どうしようもなくそんな恐ろしいことを仕出かしてしまったんだ……。分ってくれるね？」

余りにもとてつもない老人の告白に衝撃を受けた妻。しかし、何でもないような振りをして老人の懐に体を押し付けた。

「すべてすんでしまったことなのに今更何よ。もうその人の顔も覚えていないわ」

その言葉に安堵して優しく妻を抱く安老人。

雨もすっかり止んで青白い月の光が周りを照らした。時々安老人がかく鼾の音が聞こえるだけ、彼女は暗闇の中で微動だにせず座っていた。彼女はこの事態をどのように受け入れなければならないのか頭の中が真っ白になっていた。彼女の最初の夫朴氏は新婚の時に村の市場に行ってくるといって出かけたまま行方不明になってしまったのだ。ひたすら待ち続けていたのだが遂に帰ってこなかった。どうして生きていけば分らない彼女の前に救い主のような安氏が現れ、隣人の理解と助けで彼女は安氏と再婚することができた。当時、ヤンバン家の女性たちは再婚が禁止されていたが、常民たちはそんな規範が適用されなかった。再婚とはいえ二人は仲がよいと評判の夫婦で、四〇年を仲睦まじく年を重ねて周りの人たちにうらやましがられながら暮らしてきた。ところが、その相手が前の夫を殺した犯人だったとは……。

「今になってどうしろというのか。生死苦楽を共にして生きてきた夫じゃないか。子供たちの父親であるし。忘れよう。聞かなかったことにしよう」

心に誓い、また誓ってみるのだが、収まらない心の中のしこりが彼女を苦しめた。

実のところ、前の夫である朴氏は夫婦の情を感じる前に突然いなくなってしまっていた。そのためぼんやりとした記憶の中にだけ存在していて、今はもう顔さえはっきりと思い出せない人だった。

「そんな人のために何をどうしろというのか！」

何度も寝返りをしつつ一睡もできずに夜を明かした妻は、結局、官庁に駆けつけていった。

夜が白々と明ける頃。

刑吏たちが押し込んできて甘い眠りに陥っていた安老人を捕縛した。訳も分らないまま引っ張り出された安老人は刑吏たちの背後で首を垂れて立っている妻の姿を見て初めて事態を把握することができた。

「お前が……。お前が……。この私を……！」

絶叫する安老人。

夫の姿を到底見ることができない様子で顔をそむけて立っている妻の両眼から熱い涙が流れていた。

安老人は刑場の露と消えていった。城隍堂付近の地面を掘り起こして発見された白骨が決定的な端緒となった。妻は安老人の死体を受け取って心を込めて葬儀を行った。そして夫の墓に最後の挨拶をした。

「あなたは生きていた時も死んでからも私の夫です。あの世に行った前の夫に対する道理からどうしようもなくあなたを死に至らせることになってしまいましたが、あの世で本当のあなたの妻として生きます」

言い終えた後、自ら命を絶った。

この消息を聞いて村の役人が彼女の健気な志を讃えて烈女碑を建てようとした。しかし、世論の反対にぶつかった。いくら前の夫のためにしたこととはいえ四〇年を共に暮らした夫を死なせた張本人をどうして烈女といえるかというのが理由だった。「烈女だ。不烈だ」と言い争った結果、結局、「烈不烈碑」と刻んだ碑を建てることになった。

7　情操の木

慶長の役の時のことだ。慶北地方の玄風《ヒョンプン》村に倭兵の一団が攻め込んで、放火、殺人、略奪を恣《ほしいまま》にして村全体を廃墟にしていた。倭軍が攻め込んでくるという悲報を伝え聞いてもまさかと思っていた朝鮮の官軍は銃で武装した敵の前で何の抵抗もできないままに敗走を繰り返し、倭軍は破竹の勢いで嶺南一帯を蹂躪し、歓声を上げながら進軍している最中だった。玄風に攻め込んだ倭軍は浪人の武士集団でまるで血に飢えた野獣のように男衆たちは次から次へと皆殺しにして、女たちは老若問わず強姦した。

白馬に乗って高々と部下たちが繰り広げる蛮行を眺めながら豪傑笑いをしていた倭軍の武将の目に、向こうの丘の上を逃げていく一人の乙女の姿が映った。夕日に染まった空を背景に青い草原を長いお下げの髪を揺らしながら走っていく乙女の魅惑的な姿が彼の気を惹いた。

「捕らえろ!」

武将の命令に従って倭兵たちが一斉に駆け出し、乙女を追っていった。彼女は歯を食い縛り必死になって走った。しかし、目を光らせ狩猟犬のように走っていく彼らの魔手から逃れることは到底できないように思えた。丘の上に欅の木が一本立っていた。幼い頃、友だちとブランコをしたりかくれんぼをしたりして遊んだ所であった。倭兵たちがウサギ狩りをするかのように乙女を包囲しながら距離を縮めてくると、それ以上逃げ場がなくなってしまった乙女は欅の木を抱きかかえた。倭兵の一人が飛び掛って乙女を木から引き離そうとしたが、両手の指輪をしっかりと絡め、頑として木から離れようとしない彼女の意思を覆すことはできなかった。女の貞操は命より大切だと父親の教えの下で育った乙女だった。死ぬとしても貞操を失うことはできない。次に、筋肉質の体躯を自慢する男が前に進み出た。彼は熊手のような手で乙女の弱々しい腰を引っ張るように抱きかかえ力いっぱい引っ張った。しかし、木に密着した乙女の体は引き離すことができなかった。大男が引っ込むと、怒り心頭に発した倭兵たち十数人が一度に飛び掛かって綱引きをするように一直線につながって乙女を引っ張り始めた。それでも乙女はビクともしなかった。

「どけ!」

武将の怒気を含んだ声が聞こえると手下たちはそろそろと武将の目を窺いながら引き下がった。馬から降りた武将は欅の下に近づいて疲労困憊している乙女を眺めた。

「五つ数えるまでに木から離れろ。命だけは助けてやる」

武将は刀を振り上げた。

「一、二、三……」

ところが乙女はビクともしなかった。武将の刀が空中にひらめいたかと思うと、乙女は中心を失って後ろに倒れた。両手が切断された手首からは、血が噴水のように流れていた。

倭軍が退いた後、生き残った村人たちが欅の下で死んでいる乙女の死体を発見した。乙女は手を切られたまま死んでいて、指輪が絡んでいる彼女の手は不思議なことに木に化石のように嵌り込んでいて取り出そうとしてもどうしても取り出せなかった。その後、村の人たちはこの欅の木を情操の木と呼び、女の節操の表象とした。

8　貞女、死体の足を切る

山中の人里離れた藁葺き屋の庭で木魚の音が鳴り響いていた。屋根の藁は腐っていて雑草が生い茂った庭に崩れた枝折り戸がどうにか立っていて、その様子からはどうも廃家のように見えるのだが、それでも人が住んでいるのか夕方になると夕餉の煙が上っていた。

「お布施を」

木魚の音に何の応答もないので今度は澄んだ僧の声が響いた。しばらくして台所の戸が開き、若い女がひさごを持って現れた。みすぼらしい身なりをしているが気品が漂っていた。

「お坊様、私どもはとても貧しい身の上でお布施するものがこれしかありません」

女はすまなさそうに身をかがめながら僧の托鉢にひさごの粟を注いだ。

「これこれ、屋根裏部屋に隠して置いた米が充分一升にはなるだろうに……」

僧の言葉に女はビクッとした表情をした。それは法事のために大事にしまっておいた米だった。それを神業さながらに言い当てる僧の神通力に驚いてしまった。

「拙僧、米のお布施をいただくまではここを一歩も動くことはできない」

僧が言い張るのでその女はどうしようもないといった風に祖先の法事に使う大切な米をお布施してしまっ

た。僧はその時になってやっと満足したように合掌をした。

「貴いお布施をしていただいたのだからこの家の主人の病を治す方法をお教えしよう」

「ええ？　本当ですか？」

女は救い主にでもあったように、目を輝かせながら僧を眺めた。女の名前はスンニョだった。彼女の夫である朴書生は将来を有望視されるヤンバン家の子弟で、科挙を準備中にハンセン病に罹ってしまった。治療に効果があるという薬はすべて服用し、名医といわれる医者には全部診てもらったが治療できる病気ではなかった。結局、財産を食いつぶし、家族や隣人から隔離されたまま、この人里離れた廃家に隠れ住むようになったのだ。朴書生は妻にまでハンセン病が移るかと実家へ帰そうとしたが、彼女は最後まで夫の申し出を断り、真心を込めて病の夫を看病した。しかし、夫の病勢は日ごとに悪化して今は死ぬ日を待つだけの状態になっていた。

「夫の病気さえ治るのでしたら、この私、どんなことでも致します。どうぞ、お教えください」

スンニョの哀願に僧は目をつぶって念仏を唱えた後、ゆっくりと話を始めた。

「来る七夕の日、月が昇ると体を清めた後、スリ峰の熊岩の下に行きなさい」

「そこは幼くして死んだ者たちの霊魂の墓地ではないのですか？」

「そうだ、そこに新しくできた墓の中から死体の足を切って、煮込んで主人に食べさせなさい」

「え？　死体の足をですか！」

「もどってくる時に絶対後ろを振り返ってはならぬ。心に深く刻み付けておきなさい」

僧は話し終えると、ずだ袋を背負いゆったりとした足どりで夕日の中に去っていった。

七夕の日、月が昇るとスンニョは菖蒲の湯で髪を洗い、体を清めた。そして夫が寝つくのを待って手斧を携えて家を出た。かすかな月の光の中で幽霊のように立っている木々の間をぬうようにスンニョはスリ峰を登っていった。険しい坂道を登り山の峰に上り詰めると暗闇の中に虎のように臥せている熊岩の姿が現れた。あちこちに骸骨が転がっていて腐っていく死体の上に鬼火が飛んでいた。人たちは熊岩を神聖視して接近することを避け、伝染病で死んだり悲運の横死した死体をここに持ってきて棄てた。虎の神霊な気運が病魔や悪鬼の跋扈を防いでくれるという信心からである。

ただひたすらに夫を救いたいという一念だけだった。スンニョは恐ろしいことも忘れたまま筵に包まれている死体のそばに近寄った。筵の外に出ている足がまだ腐っていないのを見つけた。死んで余り時間の経っていない死体のようだった。彼女は歯を食い縛って手斧を取り出した。そして死体の足に力いっぱい振り下ろした。鈍い音と共に血がほとばしった。

「ゴロゴロピカッ！」

天も怒っているかの如く雷が鳴り、稲妻が走った。スンニョは大急ぎで死体から切り取った足をチマの中に包み込んで起き上がった。彼女が振り返ろうとした瞬間、死体がパッと起き上がり叫んだ。

「私の足を返せ！」

スンニョは腰を抜かさんばかりに驚いた。手足が震えて悪事がばれたかのように一瞬ひやりとしたが、力の限り走って逃げた。死体は片足でビッコをひきながら追いかけてきた。

「こらあー、私の足を返せ。私の足！」

死体の絶叫が頭の後ろに突き刺さるようだった。スンニョは走りに走った。転んでひっくり返っても死体の足だけは胸にしっかりと抱きしめて放さなかった。死体の大声が直ぐ近くから聞こえていた。息が詰まってこれ以上走れないような気もしたが死んでいく夫を思い、ありったけの力を振り絞って走った。

どのようにして家に辿り着いたのかも分らなかった。熊手のような手で彼女の髪の毛を引っ張ろうとしていた死体をやっとの思いで引き離して台所の戸の鍵を閉めた彼女は大急ぎで釜に水を入れてかまどに火をくべた。

「私の足、私の足……！」

死体は台所の戸を強く叩きながら気が狂ったように叫んでいた。スンニョが死体の足を釜に入れた瞬間、外で凄惨な悲鳴と共にドーンと死体が倒れる音が聞こえてきた。それからはもう何の音も聞こえなかった。すべての緊張が一時に緩んだスンニョは気力が尽きて倒れた。

山鳥の鳴き声を聞いてスンニョは深い眠りから目を覚ました。夜が明け始めていたが、かまどの火はまだ燃えていた。釜のふたを開けてみると白く濁った汁が煮出されていた。スンニョはその汁を汲み出し、お盆に載せて神に祈りを捧げた。死体に対する祈りも忘れなかった。朴書生は喉が渇いていたのかスンニョが差し出した薬鉢を受け取ってぐっぐっと呑み込んだ。

「もっとほしい、もっと……」

三杯も飲んだ後、やっと満足したように朴書生は眠りについた。スンニョは醜くゆがんでしまった夫の顔を見ながら、かつては美男子で頼りがいのあった夫の姿を思い出した。

「あの時に戻れたら……」

スンニョの目に涙が浮かんだ。涙の一滴が朴書生の顔に落ちた。絹の手ぬぐいで涙の後を拭いてあげようとしたスンニョの手がいきなり動きを止めた。

「こんなことが……！」

驚いたことに夫の顔に変化が起き始めたのだ。膿と粘液が流れていた顔の腫れ物が無くなり始めたかと思うと、腐ってゆがみ崩れていた皮膚から新しい皮膚が生じ始めていた。奇跡が起こっていた。

「あなた、あなた！」

スンニョは感激の余り夫を起こした。そして夫婦が一つ身になったように固く抱き合ったまま離れようとしなかった。

夜が明けた頃、死体を日の当たる良い場所に埋めてあげねばと考えたスンニョ夫婦が台所の戸を開けて庭に出てみると、死体はどこにもなく、そこには根の一つが切られた童蔘《トンサム》（幼児の形をした深山に野生する高麗ニンジン）があった。昨夜、スンニョを追ってきた死体はまさしく山蔘《サンサム》（深山に野生する高麗ニンジン。栽培したニンジンより薬効がある）の精霊だったのだ。

Ⅲ　霊魂譚

1　アランの霊魂

密陽郡《ミルヤン》に、新しく赴任した副使（使道：卒兵が上官に対して使った尊敬語、一般人が地方官に対して使った尊敬語）たちが赴任した夜に非業の横死を遂げるという異変が続いた。このような事態が続くと、もはや誰もが密陽府使《プサ》（朝鮮王朝時代の大都護府の長官と都護府の長官の総称）になることを忌避し始めた。そして郡の役所は廃墟と化して郡に住む人たちまでが動揺し、朝廷の大きな悩みの種となった。このような時、イ・サンサという義侠心が強く度胸のある若いソンビ（朝鮮王朝時代、学識はあるが官職に就かなかった人を指していった）が密陽府使を志願して赴任することになった。

また同じく非業の死を遂げることになるだろうと心配した官吏たちは新しい府使に来客用の宿舎で執務をするよう勧めた。ところが、イ・サンサは怯むことなく役所の執務室で堂々と赴任の最初の夜を迎えると告げた後、官吏たちに、全員退庁しないで役所の執務室を守るよう命じた。ところが、日が暮れ始めると官吏たちは周りの様子を窺いながらコソコソ一人二人と逃げ出してしまった。そして遂に誰一人いなくなってしまった執務室には府使だけが残っていた。

ゴーン……。ゴーン……。ゴーン……。

子の刻を告げる寺の鐘の音がかすかに聞こえてくる頃、怪しげな風が吹き出してろうそくの火が消えたと思った瞬間、部屋の戸がすっと音もなく開き始めた。

「何者だ？　人間なのか、鬼神なのか！」

イ・サンサが大声で叫ぶと、闇の中から女の声が聞こえてきた。

「私は恨みを残して死んだ霊魂でございます」

「こやつ、まさしく密陽府使たちを殺害した妖怪だな、正体を現せ！」

「私が姿を現すと、また府使様が気絶なさることでしょう」

「何の、恐ろしくない、さっさと姿を現せ」

その言葉を聞くや鬼神は姿を現した。乱れた長い髪、青白い顔で口からはとめどなく血が流れていた。

「私は胸に秘めたハン（怨恨）を訴えようとしただけでございます。人に害を与えようとは少しも思っておりませんでした。どうぞお分り下さい」

「よしよし、ところでそちのハンとは何なのか？」

少し和らいだ副使の声に安心したのか、鬼神はハンのいきさつを話し始めた。

鬼神は数年前にこの地に赴任した密陽府使の娘で、名前はアランといった。一人娘で幼い時に母親と死別したものの、父親の格別な慈愛の中で何一つの不足もなく成長した。アランの美しさは嶺南（慶尚南北道地方のこと）一帯の噂となっていた。彼女を恋い慕う青年は数知れず、求婚者の列が続いた。ところが、アランの父親はまだまだ嫁に行かせる年ではないと断った。目に入れても痛くないほど可愛がっていた一人娘を少しでも長くそばに置いておきたかったからなのだ。そんなある満月の日、乳母がヨンナム楼に月見に行こうとアランを誘い出した。日頃、彼女を恋慕していた青年が乳母に賄賂を渡して誘引したのだ。そんなこととは夢にも知らず乳母の後について月見に出かけたアランは、美しい満月に心を奪われて乳母がその場にいなくなっていたことに気づかなかった。しばらくして、うっとりと眺めていた月が雲に覆われてあたりが暗くなった頃、はじめて彼女は自分が一人ぽっちで取り残されているのを知った。恐ろしさが押し寄せてきた。おろおろしながら乳母を待っていたアランはどうしようもなく一人で帰ろうと決心した。恐る恐る楼台の階段を踏みしめながら降りていこうとした瞬間、いきなり楼台の下から腕が伸びて彼女の足首をぐっと掴んだ。

「キャー！」

悲鳴を上げながらアランが前につんのめりそうになった時、暗闇の中から飛び出した黒い影がすばやく彼女を抱きかかえて楼台の下に引きずり込んだ。

「だ、だれ……？」

恐ろしさに震えている彼女の口をふさぎながら男は低い声でささやいた。

「こうするしかなかったのです。お許し下さい。命を失くしたくなかったらおとなしく言うことを聞きなさい」

言い終わるや否や、アランを地面の上に横たえ服を脱がせ始めた。泣き叫びながら力の限り抵抗したものの、荒々しい息遣いの男の唇が彼女の絶叫を呑み込んでしまった。乳房をまさぐっていた男の手がチマ（韓服のスカート）の中にすべり込んで彼女の柔らかい下半身に分け入ってきた時、アランは舌を噛み切った。口の中いっぱいに血の匂いが満ちて朦朧とした意識の中で父の姿が浮かんだ。そしてすべてが暗黒の中に去っていった。アランはそのように死んでいったのである。

「この泰平の世の中で、そのようなことが……」

副使はため息をつきながら鬼神を眺めた。月の光を背にして彼女はとても美しい姿でたたずんでいた。それは侘しく痛ましい美しさであった。

「そちの父上はその後どうなされたのか？」

「私が災難にあった後、追及されることを恐れた乳母が父に嘘をついたのです。私が情を交わしていた隣村の男と夜逃げをしたと……」

「その話を父上は信じたのか？」

「初めは信じませんでしたが、乳母が犯人と組んでいろいろな証拠を見せたので、父はどうしようもなく彼らの悪巧みに陥ってしまったのです」

「何と言うことだ、死に追いやられただけでも悔しくてならないだろうに、汚名まで被せられるとは……」

「その後、父は官職を辞して都落ちし、世間づきあいを絶って暮らしていたのですが、昨年、秋を迎えることもなくそのまま……」

「亡くなられたというのか？」

「この不孝者のためにハンをこの世に残したまま亡くなりました」

「何と悲しく痛ましいことだ。実に痛ましい……！」

イ・サンサは歯軋りしながら憤然と立ち上がった。

「犯人が誰であるかそちは知っているはず、言ってみなさい。そやつをすぐさま捕まえて罪人として死刑に処そう！」

「犯人が密陽官庁の官吏だと知っているだけで名前は存じません。夜が明けましたら、すべての官吏に登庁するように命じてください。そうすれば私が犯人が誰なのか明らかに致しましょう」

「分った。必ず私が犯人を捕まえて厳罰に処し、この事件の真相を明らかにしてそちのハンを晴らしてあげよう」

「有難うございます」

鬼神は副使の前で頭を下げて挨拶をした後、暗闇の中に消え去っていった。

夜が明けるや否や、イ・サンサは官庁内の官吏たちすべてを招集した。

当然死んでいると思っていた新任の副使が無事に生きているのを見て、驚愕の色を隠すことができないでいるすべての官吏たちの頭上に叱責の大声が響き渡った。

「けしからぬ奴ども、官庁の長を一人残して自分たちだけ生き残ろうと尻尾を巻くとは、今日という今日はお前たちを厳罰に処し、官庁の綱紀を正そう！」

体中が凍りつくような厳しい叱責の声に、自分たちの過ちにおどおど怖気づいていた官吏たちは一斉に地面にひれ伏した。その時、白い蝶々が飛んできた。官吏たちの頭の上を飛び回っていたかと思うと、一人の通事《トンサ》（翻訳を担当している官吏）の冠の上に羽を休めた。名をチュ・ギといった。アランの魂が蝶々に化身して犯人を教えたのである。イ・サンサはチュ・ギを捕縛し、罪を自白させる一方、官吏たちに命じて蝶々の後を追わせた。蝶々はひらひらと飛びながらヨンナム楼近くの竹林の中に飛んでいった。そして官吏たちはそこでアランの死体を発見したのである。彼女の死体は発見されるまで少しも腐敗していず、まるで生きているかのようだったと言い伝えられている。

イ・サンサはアランの死体を手厚く埋葬して葬儀を執り行ったという。そして朝廷に書面で報告し、通事チュ・ギを処刑した。後日、アランの節操を偲び、霊魂を慰める意味で彼女を埋葬した所に祠を建てた。そこが密陽の名所となっているアラン閣である。

2　性鬼

ボグァン寺の住職ウォルミョンは大禅師として位の高い僧侶であった。ところが、ウォルミョンは密かに妻を娶り、夜毎、性におぼれる二重生活をしていた。ウォルミョンは精力絶倫の好色者だったのだ。彼は若い妻の豊満な胸に顔を埋めながら「ああ、お前を残してどうして死ねよう」とため息をついたりしていたが、そのウォルミョンが遂に病気に罹り死んでしまったのである。

歳月が過ぎ去っていった。

林川《イムチョン》の官庁に一人の女が訪ねてきて、郡守に会わせてくれと嘆願してやまなかった。小役人たちは郡守に会いたい理由が分るまではだめだといったが、その女はただただ会わせてくれと取りすがった。林川郡守アン・ゴンが管轄地の視察を終えて帰る途中、その光景に出くわしてその女を官庁内に呼び入れた。女は三〇代後半で、冷ややかな美しさが漂っていた。

「どういうわけで私に会いたいといったのか」

やさしい声で訊ねる郡守の言葉に安心したのか女は口を開いた。

「郡守様、ウォルミョン大師をご存じでしょうか?」

「ウォルミョン大師といえば、数年前に入寂されたボグァン寺の大禅師ではないか」

「はい、私めは……、ウォルミョン大師の妻でした」

「何だと、ウォルミョンの妻だと……」

まったく、思いもつかない言葉だった。アン・ゴンは林川郡守として赴任する前からウォルミョンとは厚い交友関係にあり、徳望の高い高僧として尊敬していたのだ。その尊敬していた高僧が妻を置くという二重生活をしていたとは、まったくあいた口がふさがらなかった。その上、もっと呆れたのはその女が続けて語った話であった。

ウォルミョンが亡くなった後、その女は孤独の中で暮らしていた。まだ若い血がたぎる若い女が一人で過ごす夜は一番辛いことだ。そんなある夜、ぐっすりと眠っていた彼女は自分の胸元を愛撫する手触りを感じた。それは余りにも慣れた感触だった。

「ああ、あの人が来たのだ」

彼女は歓喜に震えながら執拗に押し寄せる愛撫の手に身を任せたまま、夢か現か幻かと思いつつ朦朧とした世界の中にのめり込んだ。

あくる日の朝早く眼が覚めた女は、一匹の大蛇が彼女の柔らかい乳房に頭をもたげて寝入っているのを見た。その様子は、生前、ウォルミョンがしていたしぐさと余りにも似ていた。女は早鐘のように打つ胸を鎮めながら震える手で蛇を撫でさすった。恐ろしさが消え、果てしない愛情がこみ上げてきた。

「私を忘れることができなくていらっしゃったのですね、あなた……」

感激の涙が彼女の頬を伝って流れた。

蛇に生まれ変わったウォルミョンと女の愛はそのように続いた。蛇は人の目に付くのを恐れて昼間は大きな甕の中にいて、夜になると密かに這い出してきて妻の体を求めた。そして長い体で女の全身に纏わりつき愛撫しながら尾の中間に突出している陰茎で夜通し情事を繰り広げた。このような夜が続き、女は自分の体ではとうてい耐えられない限界を感じた。女は日に日にやつれていった。ひからびていく肉体と共に自分の魂が消えていくのを感じるようになった。たやすく誰にでも打ち明け、悩みを相談することのできる問題ではなかった。彼女は悩みあぐんだ末、日頃ウォルミョンと厚い交友のあった林川郡守のアン・ゴンを思いついたのだ。

「奇妙な話だ。実に奇妙な……」

アン・ゴンはこの世にも不思議な話をどのように受け入れればいいのか困り果ててしまった。

そこでこの信じ難い話を、実際に検証してみることにして、女の家を訪ねていった。女が住んでいるあばら家はボグァン寺からそれほど遠くない森の中にあった。アン・ゴンは女に案内されながら部屋の中に入ると、奥のほうに置かれた甕が見えた。

「あなた、出ていらっしゃい」

女が甕に向かって優しくささやくと蛇はそっと首を出した。そして二つに分かれた赤い舌を出して女の首元や顔を愛撫し始めた。アン・ゴンは義憤に耐えかねて大声で怒鳴った。

「こやつ、生前に仏に仕える身で女色を犯したことだけでも罪であるが、その上に死んでまで女色を絶つことができないでいるとは、僧の道とはこんなものであったのか？」

アン・ゴンの怒鳴り声に蛇は居たたまれなくなったのか頭を甕の中に隠してしまった。アン・ゴンは外に出てきて随行してきた小役人たちに、ちょうど蛇が入るくらいの箱を作るように命じた。そして女にあれこれと指図した。部屋の中に入った女はアン・ゴンから指図されたとおり箱の中に自分の下着を敷いて優しい声で蛇に諭すように話しかけた。

「あなたが暮らす新しい家を作りましたのでこちらに移って下さい」

するると蛇は嬉しそうに甕の中から這い出して、するりと箱の中に這入っていった。蛇が箱の中に入るや否や、門の外で待機していた小役人たちが飛び込んで有無を言わさずふたをして手当たり次第に釘を打ち付けた。蛇はだまされたことに気づいて箱の中から出てこようともがきまわったが、もはや手遅れだった。

アン・ゴンは数十人の僧に太鼓と鉢で音を立てさせながら蛇の入った箱を引いて川に向かった。行列の先頭にはウォルミョンの名を書いた弔旗がはためいていた。数十人の僧が唱える読経の声に箱の中の蛇はもがきまわって身もだえしていたが、悟るところがあったのかおとなしくなった。

「あなた、どうぞ極楽往生して下さい……!」

女は蛇の入った箱を川の水に浮かべて離別の涙を流した。僧たちの読経の声が響き渡る中、ウォルミョンの魂は水の流れに乗って果てしなく流れていった。

その後、再び蛇が現れることはなかった。村の人たちは林川郡守が礼を尽くして鄭重に葬儀を行ったからだと信じ、アン・ゴンの徳を称賛したと伝えられている。

3　越すに越されぬ峠

ある日の夕暮れ時、しとしとと小雨が降る峠を一人の男が歩いていた。この峠は幽霊が出るといわれていてかなり以前から人影が途切れていた。夜中にこの峠を越えようとすると鬼神が現れて「もしもし、ちょっと」と声をかけてくるのだ。その時振り返ると死んでしまうという話が出始めてからは、誰もその峠を越えようとしなかった。

男は必死で先を急ぎながら歩き続けた。峠のてっぺんにたどり着くと、壊れかけている空き家が目に付き、風に揺れている竹林が見えた。ぞっとするような寒気を感じながら男がまさにそこを通り過ぎようとした瞬間、風に乗って女の声が聞こえてきた。

「もしもし、ちょっと」

「とうとう来たな！」

男は歩みを止めて、しばらくためらっていたが、とうてい誘惑を振り切れず、振り返ってしまった。すると不気味な風の音と共に竹林の中から喪服を着た女が現れた。乱れた髪に醜い格好で近づいてくる彼女の姿にいくら度胸が据わった男とはいえ手足の震えが止まらなかった。

「ウーンウーン……」

女は鳥肌立つようなうめき声を漏らしながら風のように近づいてきた。男は腹の底に力をいれ、朦朧とする精神をやっとの思いで整え、怒鳴りつけた。

「何者だ？　鬼神なのか、人間なのか？」

「私めはあの世を彷徨っている魂でございます」

女は男の前でひれ伏し、物悲しく泣きはじめた。悲しみに耐えられないように泣いている怨鬼《ウォンギィ》（怨みを持った鬼神）の泣き声は、いわれもなく男を動揺させてしまった。

「いかなる怨恨で、罪のない旅人を害してきたのか？」

男が叱り付けると、鬼神は害する気持ちは少しもなく、ただ助けを乞いたかっただけなのに、話す前に皆驚いて死んでしまったと許しを乞いつつ、女は怨鬼になった理由を打ち明け始めた。

柿の木村の女房と呼ばれていたその女はこの峠のてっぺんにある一軒家にきこりの夫と貧乏ながら幸せに暮らしていた。二人の間には幼い息子がいた。ところが、夫がふもとの村の酒屋の女にのめりこんで家庭を顧みなくなった。柿の木村の女房は子供を背負って夫の代わりに日雇いの仕事と針仕事でどうにか食いつなぎ、夫が心を入れ替えて帰ってくるのを待っていた。しかし、横道にそれ、酒屋の女に心を奪われてしまった夫は心を入れ替えるどころか、酒屋の女を妻にするため女房を追い出そうとした。夫からありとあらゆる虐待をされ、叩かれても家庭を守るために必死に耐え抜いていたのだが、理性を失った夫は彼女の首を絞めて殺してしまった。そして、家の後ろにある竹林に埋めた後、酒屋の女と一緒に子供をつれて旅立ってしまったのである。

怨鬼の打ち明け話を聞いた男は義憤を感じざるを得なかった。実は、彼は民情を探るために密かに地方を巡行している勅使（暗行御史）だった。

「そのように悔しい死に方をして、そちの怨恨はいかなるものか？　願いがあれば何でも言ってみなさい。私がそちの怨恨は晴らしてやろう」

怨鬼は涙にぬれた顔で勅使を仰ぎ見た。

「私の死体は竹林の中に埋められています。そのため竹の根が体中に絡んでいて苦しくてなりません。どうぞ私の死体を掘り出して日の当たる場所に埋めて下さい」

「どうしてそちの願いはそれだけであろうか？　そちを殺した夫を探し出して怨みを晴らしてやろう」

勅使の言葉に怨鬼は強くかぶりを振った。

「いくら憎くても夫は夫、復讐なんて思いも寄りません」

「では、そちを殺せとそそのかした酒屋の女は？　その女を捕まえて厳しく罰すればそちのハンも晴れるであろう」

怨鬼はもういちどかぶりを振った。

「その女は、今は息子を育ててくれております。どうしてひどい目にあうことを望みましょうか。ただ、私の死体を日の当たる場所に埋めてくださることだけが願いでございます」

怨鬼の返事に勅使は言葉を失った。

彼女の美しい心に大変感動した勅使は、あくる日、竹林の中に埋められていた死体を掘り起こして日の当たる場所に丁寧に埋めてから、竹林を後にした。その後、世間の人たちがこの峠を越えるたびに「無事に峠を越えさせてくださ い」という呪文と共に石を一つ投げたというが、その時からこの峠を「越すに越されぬ峠」と呼んでいるという。

4　灰になった新婦

慶尚北道英陽《ヨンヤン》郡日月山《イルウォル》の近くにあるチャリモㇰという村に黄家の娘で見目麗しく心の優しい乙女がいた。隣村にすむ二人の青年が彼女の関心を引こうと競い合った。ボㇺスとコㇰスェという青年だった。二人の熱心な求婚にも彼女は微笑んでいるだけで、どちらがもっと好きなのか少しも素振りに見せなかった。

歳月が過ぎ、年頃になった乙女はもうこれ以上婚期を遅らせることができなくなった。決定を下さないといけない瞬間が来たのである。実は、彼女は恥ずかしくて素振りに見せなかっただけで、荒っぽくて向こう見ずのコㇰスェより温和でやさしいボㇺスのほうにもっと心を惹かれていた。仲人のおばあさんを通して彼女の思いが伝えられると結婚話は大急ぎでとり進められ、結納が取り交わされると結婚式の日取りが決められた。

祝賀客の祝いの言葉の中でボㇺスと黄家の娘の結婚式が盛大に挙げられた。その日の夜はひときわ月が明るかった。豪奢な屏風と絹の布団が敷かれた新婚の部屋で新郎新婦は合歓の盃を取り交わし寝床に入る準備を始めた。ボㇺスは、長年恋焦がれてきた女性が今や自分の妻になるということが、夢をみているようであった。震える手で冠をはずし、新婦の服を脱がせるため結び紐の方に伸ばしたボㇺスの手がふと止まった。どうしたわけか急に尿意を催したのである。矢のように厠に飛んで行って用を済まし、部屋に戻ってくる途中でボムスはギクッと釘付けになった。明々と灯りのついた部屋の障子に鋭い刃の影がちらちらと揺れていたのである。誰かが匕首を持って新婚の部屋に潜んでいるのに違いなかった。ボムスは求婚を断られたコクスェが怨みを抱いて彼を殺すため待ち伏せているに違いないと思ったのだ。コクスェの向こう見ずな腕力と火のような性格を思い出してボムスは身の毛がよだった。怖気づいた新郎は前後の見境もなくどろんを決めて高飛びしてしまった。何も知らないまま新婦は、可哀想なことに初夜を一晩そのように明かしたのである。

歳月が矢のように過ぎていった。怖気づいて遠くへ逃げていったボムスは遠い村に定着して結婚もした。ボムスは昔の古傷を忘れようとまじめに暮らし、妻との仲も良かったが、二人の間には子供ができなかった。子供が生まれるとすぐに死んだり、死産だったりしたからである。

「前世でどのような罪を犯してこのような禍が私に続くのだろう?」

ボムスは考えあぐねた末、巫女を尋ねていくと怨鬼のためだと言われた。女の積もり積もった怨みが子供を連れ去っていくのだというのだ。そして巫女は急いで日月山のチャリモクに行ってみなさいと言った。

ボムスはその足で日月山に駆けつけた。かつての新婦の家は長い間人が住んでいないのか荒れ果て、雑草がうっそうと茂っている庭には虫のすだく音だけが騒がしかった。深い感慨に耽りながら別棟の方に向かっていたボムスは急に足を止めた。新婚の部屋にはいまだに灯りが点っていたのだ。そして、障子にはその日と同じく刃の影がちらついていた。ボムスは結婚初夜の悪夢を思い浮かべながら注意深く障子の方に近づき刃の影を窺ってみた。それは間男の匕首ではなく、風に揺れている竹の影だったのだ。

「何ということ……私たちの運命を引き離したのが竹の影だったとは!」

ボムスは悔恨の涙を呑み込んだ。そして震えと恐れが交錯する胸を静めながら静かに障子を開けた。

「あっ……!」

おぼろげなろうそくの灯りの向こうに花嫁の装いを整えた新婦の姿が見えた。新婦は初夜の時そのままの様子で座っていた。

「この極悪人を今まで待っていてくれたのか!」

感激に震えながら部屋の中に入ったボムスは新婦の前に跪いて悔恨の涙を流した。彼女は悲しそうな眼差しで夫を眺めているだけで一言も話さなかった。彼女の姿は相変わらず美しかった。新婦に近づいてボムスは震える手で冠をはずし、チョゴリ(韓服の上着)の結び紐をほどいた。下着まで脱がせるとまぶしく白い肌が現れた。

「愛しい人よ……」

ボムスはもうこれ以上我慢できないといわんばかりに、ぐっと彼女を抱きしめた。その瞬間、新婦はバサッと崩れ落ちて一握りの灰と化してしまった。ボムスは動転し、身を投げ出して慟哭した。

「どうしてこんなことがありえようか……」

数日泣き続けていたボムスは、日月山の頂上にお堂を建てて彼女の分身である灰を奉納する一方、妻と共に跪いて拝みつつ許しを乞うた。その後、ボムス夫婦は待ちに待った子供を得ることができ、子孫が繁栄しながら一家を成したといわれている。

後の人たちは、恋しい夫を待ち続けて一握りの灰と化した女人の魂を讃えて、このお堂を黄氏夫人堂と呼んだ。そして、このお堂に来て祈ると必ず妊娠することができると言い伝えられ、子供を産みたい女性たちが現在も訪ねてくるという。

5　処女ヘランの怨恨

江陵《カンヌン》近郊の漁村、アンインジン村にヘランという娘が住んでいた。

幼い時に父母と死別し、海辺の苫屋に寂しく一人住まいをしていた。ある日、ヘランは海草を採りに行った干潟で倒れている男を見つけた。漁をしていて遭難したようで、周りには破損した漁船の残骸が散らばっていた。彼はまだ息があった。ヘランは貝の入ったかごを放り出したまま、その男を背負った。そして村に向かって力の限り走っていった。重いことも恥ずかしいことも考えなかった。ただ、ひたすら死にかけている人の命を救いたいという一念だけであった。ヘランは男のために祭祀に使おうと大事にとっておいた米を惜しげもなく全部使っておかゆを炊き、母の形見である銀の指輪を売って漢方薬を買った。ヘランの真心のこもった看病でかろうじて男は蘇生することができた。彼は名前はスドリで、北の地方の漁村出身だといった。

スドリは無口ではにかみ屋だった。ほとんどヘランに話しかけることもなく、何かを尋ねると顔を赤らめてやっと返事するくらいだ。ヘランはそういうスドリの様子がとても好きだった。偶然に目と目があうと彼女もニンジンのように顔が真っ赤になった。

元気を取り戻したスドリは家のあちこちを修理し始めた。藁屋根も新しく作り直し、壊れかかっていた台所もすっきりと補修した。そしてヘランが遠くまで水汲みに行くのを見て、裏庭に井戸を掘り始めた。ヘランは感激した。生まれて今まで他人から親切にされたり、好意を示してもらったことなく寂しく暮らしてきた彼女にスドリは生きる意味を新しくもたらし始めたのである。

ぎらぎらとした太陽の下で、黙って働いているスドリの赤銅色の皮膚と逞しい筋肉を見ながらヘランの胸はときめき、夜には向かいの部屋から聞こえてくるスドリの鼾に、彼の胸に抱かれたい衝動を感じたりした。ヘランはスドリのために海の底深くまで潜ってあわびを採り、海の中をあちこち泳ぎながら銛で魚を捕らえた。余りにも深く潜って死にかけたこともあった。ある時は鮫の攻撃を受けたりもしたが、彼女は平気だった。スドリのためなら命さえ投げ打つことができる気がした。

井戸が完成するとスドリは木を伐採して薪を作り始めた。一日、二日、三日……。

裏庭に積まれていく薪の束といっしょに夏は過ぎていき、秋がいつの間にか近づいていた。ヘランは自分の熱い胸の内をスドリに伝えたかったが、どうしていいか分らなかった。彼女の気持ちを代弁してくれる両親もいず、関心を示して仲を取り持ってくれる隣人もいなかったので、打ち明けて力になってもらうこともできなかったのだ。

裏山のふもとが紅葉し始めたある日、スドリは裏庭にぎっしりと積み上げた薪の山の前で、冬になっても薪に心配をすることはないだろうと白い歯を出して笑った。そして、まぶしそうにスドリを眺めている彼女に、そろそろここを発つ時が来たようだといった。故郷では老父母が彼を待っていて婚約した女性もいると言った。彼女は自分の耳を疑った。スドリがどこかへ行ってしまうかもしれないという不安感はあったが、それが現実として近づいてくるとは夢にも思わなかったからだ。ヘランは魂が抜けたようにしばらくその場に立ち尽くしていた。

紅葉も終わって落ち葉がはらはらと散り始める頃、スドリは故郷へと発っていった。そしてうら寂しい冬の風と共に初雪が降った。ヘランの苫屋の煙突からは煙は立たなかった。

その年の冬は度々異常気象が起こった。大雪と津波が干潟の村を襲い、数多くの家が破損して漁船が沈没した。また、時節に合わない疫病が蔓延して、処女たちの命だけを選んで奪っていき、季節が変わっても疫病は衰えを見せなかった。漁に出た漁船は一匹も魚を捕らえることができないままで戻ってくるのが普通で、家々からは娘を亡くした親たちの泣き声が聞こえてきた。アンインジン村の人たちはこの理由が掴めない災難の前でなす術を知らなかった。

そんなある日、村長の夢にヘランが現れて「私は一人の青年を思慕して死んだ寂しい魂でございます。私の死体を日の当たる場所に埋めて、祠堂を建ててくだされば村を襲っている呪いは無くなるでしょう」という言葉を残して消え去った。

夢から覚めた村長は村人たちといっしょにヘランの苫屋を訪ねていった。そして村人たちは自分たちの冷たい仕打ちと無関心の中で寂しく死んでいったヘランの死体を見つけて懺悔の涙を流した。村人たちは死体を弔い、真心を込めて安らかに葬り、彼女の家の跡に祠堂を建てると、案の定、災難はすっかり無くなって、アンインジン村はまた平穏を取り戻した。

その後、村人たちは毎年ヘランの魂がこもっている祠堂に豊漁を祈る祭祀を行った。ヘラン堂に木を削って作った男性の性器を捧げて出漁すると、必ず船いっぱいの豊漁になるという伝説が伝わっている。

6　死んでも烈女（貞女）

「コップン、あの方がいらっしゃったみたい。早く部屋の戸を開けてみて」

「姉さん、誰が来るって言うのよ。お願いだから、もうそんなこと言わないで」

「さあ、早く戸を開けなさいってば」

姉のヤムㇽの催促にたまりかねてコップンは部屋の戸を開けた。

がらんと静まり返った庭にはカササギの鳴き声だけが騒がしく、病でやつれきったヤムㇽはコップンの肩にもたれてぼんやりとした目つきで庭を眺めた。

「お姉さん、冷たい風に当たると体によくないといわれたでしょう。もう横になりましょ」

コップンは部屋の戸を閉めて姉を支えながら寝床に寝かせつけて布団を掛けてやった。力なく目を閉じたヤムㇽの頬を涙が静かに流れた。

ヤムㇽの父であるオ・ヨンチョンは若くしてユン・クァン将軍に従って女真征伐に出征した。咸鏡道《ハムギョンド》地方での生活が長くなり、そのままそこに留まって暮らしている武将だ。彼には二人の娘がいて、長女のヤムㇽは、竹馬の友であるチェ・ヒョンガㇺの息子チョンサンと婚約させていた。子供たちが成人すると結婚させようと堅く約束していたのだが、チェ・ヒョンガㇺが他の地方に赴任することになって後日を期して別れたのである。歳月が流れ、ヤムㇽは一九歳になったがチョンサンからは何の便りもなかった。婚期を逃すかと心配した夫人は結婚相手を探そうと催促したが、オ・ヨンチョンは親友との信義を破ることはできないと首を横に振り、当事者であるヤムㇽもチョンサンでなければ結婚しないと強情を張った。

そうしているうちにヤムㇽは重い病に臥せってしまった。どんな薬も効かず、今は死を待つのみの病状になっていた。ヤムㇽはひたすらにチョンサンだけを待ち焦がれていた。別れる時、密かに両手を握ってくれたチョンサンの澄んだ微笑を彼女は忘れることができなかった。彼女はチョンサンに必ず会わなければという一念で消え入ろうとする命を長らえている様子だった。

「コップン、金鳳釵を、金鳳釵を……」

姉の病床で看護をしながら寝入ってしまったコップンは切羽詰まって呼ぶ声に眼が覚めた。ヤムㇽはあえぎながら金鳳釵を探していた。それはチェ・ヒョンガㇺ家から結納として未来の嫁に贈った鳳凰が刻まれている金の簪だった。コップンがヤムㇽの手に金鳳釵を握らせてあげると、彼女のやつれた顔にほんのりと微笑が浮かんだ。

「コップン、私が死んだらこの簪を私の棺の中に入れてね」

そして彼女は永遠の眠りについた。

それから三ヶ月が経ってヤムㇽがあれほど待ち続けていたチョンサンが訪ねてきた。チョンサンの今まで生きてきた経緯も波乱万丈だった。一五歳になった時に母を亡くし、その次の年には父が女真族との戦いで戦死し、この世に頼れる者がいない一人ぼっちになってしまったのだ。親戚の家を転々として過ごし、今になってやっと婚約者を訪ねて来れたのだという。オ・ヨンチョン夫妻が涙を流しながらヤムㇽが亡くなったことを告げるとチョンサンはその場に崩れるように座り込んで嗚咽した。ヤムㇽは亡くなってもういないが、オ・ヨンチョンはチョンサンの身の上を憐れに思って自分の家で滞在するように勧めた。

清明の日、オ・ヨンチョンの家族が皆ヤムㇽの墓参りに行き、チョンサン一人が家に残ることになった。チョンサンは濡れ縁に座って遠くの山を眺めた。婚約者も死んでいないのに、この家の居候になっている自分の身の上が憐れで、余りにも若い身空でやるせなく死んでしまったヤムㇽが恨めしくさえあった。いつの間にか日が暮れて黄昏が辺り一面に迫っていた。

墓参りに出かけた家族が帰ってきたのでチョンサンは急いで表門まで出迎えに行った。馬に乗ったオ・ヨンチョンの後ろから夫人の乗った輿が、続いてコップンの輿が入ってきた。行列が中門の方に去っていき、表門を閉めようとすると、もう一つの輿が入ってきた。チョンサンは誰かもう一人来たのかと不思議に思いつつ輿を迎え入れて振り返った瞬間、チャリンという金属の音が聞こえた。もう一度振り返ってみると地面に何かが落ちていた。チョンサンが近づいて拾ってよく見ると、それは金鳳釵だった。輿から落としたものに違いなかった。ところが、輿はすでに中門の中に入っていって門が閉まった後なので、彼はどうしようもなく金鳳釵を持ってサランチェ（舍廊に使う別棟：舍廊は主人が寝起きする部屋を接客にも使う居間。客間、座敷）に戻った。

その日の夜の一二時ごろ、チョンサンが寝ている部屋の戸の前で「チョンサン様」と呼ぶ低い声が聞こえてきた。戸を開けて見るとコップンが立っていた。お伝えしなければならない重要なお話があると彼女は言いながら何のためらいも見せず部屋の中に入ってきた。当惑しているチョンサンとは違い、コップンは落ち着いて毅然としていた。

「先ほど金鳳釵を落としたのは私でございました。それはチョンサン様のお父上様が姉に婚約の印として下さったものでございます」

「……」

「姉が亡くなる時、私に手渡しながら、もしチョンサン様がお見えになったら姉の代わりにチョンサン様に仕えなさいと懇願しました」

「……」

「今夜、姉とした約束を守るため恥ずかしさを忍んでチョンサン様の部屋に参りました」

チョンサンはコップンの話を聞いて驚き、当惑してしまった。

「いくら約束とはいえ、天理に逆らう、そのようなことはできません。どうぞお戻り下さい」

「姉の最後の懇願を叶えてあげずには、死んでもこの部屋から出て行くことはできません」

そして懐から銀粧刀《ウンジャンド》（銀装飾をほどこした小刀、護身用にも使われる）を取り出して自分の首にあて断固とした語調で言った。

「チョンサン様が私を追い出そうとなさりたければ、私を殺すしかないと思います」

その夜チョンサンはどうしようもなく、コップンを胸に抱いて一夜を過ごしてしまった。オ・ヨンチョン夫妻の恩を踏みにじる不義を犯してしまうという罪悪感に胸ふさがれたが、コップンとの情事は彼にとっては言葉では言い尽くせない興奮と喜びを感じさせた。

二人の密かな逢引はしばらくの間続いた。そんなある日、どうも下人たちが気づいたようだから両親に知られる前にどこかに逃げようとコップンが言い出した。チョンサンはオ・ヨンチョン夫妻の恩を仇で返すようで胸が重かった。しかし、すでに恋の虜になっている彼はコップンの言うとおりにするしかなかった。

愛の逃避を強行した二人は咸興《ハムフン》南方の海にある花島《コッソム》に上陸した。そこに愛の巣を作ったコップンとチョンサンは畑を耕し、魚を捕って自由に暮らした。貧しい暮らしではあったが、愛と幸せがあふれていた。一年が過ぎて清明の日が近づいたある日、コップンはチョンサンをじっと見ながら静かに口を開いた。

「そろそろ家に帰る日が近づいたようです」

「いきなり、何をおっしゃるのですか?」

「一年という歳月が過ぎたのですから、もう両親も私たちのことを許してくださるに違いありません」

「私は恐ろしいです。そしてあなたの父上に合わせる顔がありません」

「チョンサン様は私だけを信じていてください」

チョンサンは到底受け入れられない話だとは思ったが、コップンの意思を曲げることができなかった。

翌日、伝馬船に乗って花島を発った二人は日暮れごろに前津《チョンジン》の港に着いた。コップンはチョンサンを見ながら次のように言った。

「やはりチョンサン様が先に行かれる方が良いと思います。あなたが両親に会って親不孝な娘がここで罰を受けようと待っているとお伝え下さい」

「そういったところでご両親の怒りが収まると思うのですか?」

「どうしてもあなた様のお言葉を信じられないとおっしゃったら金鳳釵をお見せください。そうするとすべてを理解なさることでしょう」

コップンはチョンサンの手に金鳳釵を握らせて背中を押した。

まるで屠殺場に曳かれていく牛のように重い足を引きずってオ・ヨンチョンの邸に入っていったチョンサンは裸足のままで飛び出して迎え入れてくれるオ・ヨンチョン夫妻を怪訝な目で眺めるしかなかった。

「君、何が不満で一言もなしにここを発ってしまったのかね? 君のことを私たち夫婦がどんなに心配したことか?」

暖かく手を握ってくれながら心から心配してくれるオ・ヨンチョンの様子に、チョンサンは一度に涙がこぼれ出た。彼は膝をついて許しを乞うた。

「死んで償っても償いきれない罪を犯しました。お許し下さい」

「君、それくらいのことで罪だなんて……？」

「恩に背き、コップンお嬢様を誘惑して夜逃げをした罪、死んで当然です」

チョンサンの話にオ・ヨンチョン夫妻は訳が分らず顔を見合わせた。

「どれはどういうことなの？　意識不明のまま息だけしている娘が夜逃げをしたとは……？」

「君、コップンは昨年の清明の日から今まで病に臥しているんだよ」

という夫妻の言葉に、チョンサンがコップンとは間違いなく二人で花島で暮らしたし、今、前津の港でコップンが待っていると言い張ると、オ・ヨンチョンは下人を前津の港に行かせた。しかし、コップンの姿はどこにも見られなかった。完全に気が狂った者扱いを受けたチョンサンは、開いた口がふさがらなかった。その時、両親がどうしても信じなかったら金鳳釵を見せれば良いというコップンの言葉がふと頭に浮かんだ。チョンサンは懐から金鳳釵を取り出してオ・ヨンチョンの前においた。金鳳釵を取り上げて注意しながら見ていたオ・ヨンチョンの顔が硬直した。

「これは間違いなくヤムㇽの棺の中に入れた金鳳釵だが、どうして君がこれを持っているのか？」

チョンサンが一部始終を説明しようとしたが、そんな話が耳に入る雰囲気ではなかった。

「あの者が狂ってお嬢様のお墓を掘って取り出したに違いありません」

下人が言い終わるや否や憤怒したオ・ヨンチョンはすぐにチョンサンを捕縛しろと命じた。下人たちはわっとチョンサンに飛びかかって有無を言わさず押さえつけ縛り上げた。ちょうどその時、向かい側の部屋の戸が開いて、歩いてくる女の姿が見えた。一年間、意識不明で死んだように臥せていたコップンだった。驚いた人たちの視線を浴びながらコップンはチョンサンのそばに近づいていき、縛った縄を解いてやった。そしてオ・ヨンチョン夫妻の前で膝を突いて頭を下げ、深々と頭を下げて挨拶をした。

「親不孝娘のヤムㇽがお父様、お母様にご挨拶申し上げます」

「ヤムㇽだと、間違いなくヤムㇽと言ったのか?」

コップンがヤムㇽの名前を名乗ると、オ・ヨンチョン夫妻は耳を疑って聞き直した。

「はい、ヤムㇽでございます。天の帝が私のことを憐れに思われ、コップンの肉体を借りて一年の間、心に抱いていた思いを叶えて下さいました。今はもう思い残すことなくあの世へとまいります。どうぞ私の代わりにコップンとチョンサン様との縁を結び、結婚するようにしてくださいませ」

両親に懇願した後、チョンサンを見つめながら別れを告げた。

「チョンサン様、本当に短い時間ではありましたが、とても幸せでございました。コップンと結婚してこれからは楽しくお暮らしくださいませ」

余りにも驚いてしまったチョンサンは何と答えていいか分らずぼっと立ち尽くしていると、彼女は愛のこもった眼差しでチョンサンを眺めていたかと思うとそのまま倒れた。ヤムㇽの魂が脱け出していくとコップンはまた昏睡状態に落ちたのだった。

あくる日、コップンは奇跡のように目覚めた。病に臥せっていたことがうそのように元気になり、気もしっかりしていた。ヤムㇽの望みどおりにオ・ヨンチョン夫妻は吉日を選んでチョンサンとコップンの結婚式を挙げてやった。チョンサンはヤムㇽの墓に「死後節婦也勿之墓」と刻んだ石碑を建てて、死んでも烈女(貞女)の道理を尽くした彼女の魂を讃えた。

7　憑依

大監《テガム》（朝鮮王朝時代の正二位以上の官員の尊称）家の召使であるサムウォルは大監夫人の実家にお使いに行く途中だった。いつもの通り石碑のある辻を通り抜け、城隍堂を過ぎ、二つに分かれた道の前でしばらくためらった後、彼女は木々が生い茂っている林の中に入り込んだ。日当たりが悪く人影が見られない所なので薄気味悪かったが、近道をしようと思えばこの道しかなかったのだ。ぞっとするような気味悪さを感じながら身をすくめて古くから立っている木の下を通り過ぎようとした時、つむじ風が巻き起こり木の枝を揺らしたかと思うと何か冷たいものが喉を通り過ぎたようだった。すると急に吐き気と共に寒気がして頭が痛くなった。不吉な予感がしたサムウォルは飛ぶようにそこを通り抜けてあたふたと大監邸に帰って来た。

それ以後、サムウォルにはおかしな兆候が見え始めた。空に向かってうわごとをいうようにぶつぶつ呟いたり、何年も探せなかった大監夫人の指輪を濡れ縁の下から探したりもした。周りの人たちはサムウォルが鬼神に憑かれたのだとひそひそ話をした。

大監家に吉凶禍福が起こる頃になるとサムウォルが驚くほどぴたりと言い当て、疑わしい出来事が生じるとたちどころに解決した。村の人たちは何か問題が起こると彼女を訪ねてきて相談した。その度にサムウォルは白目をむいて甲高い鶯のような声で占いをするのだが、その声はサムウォルの口から出てくる言葉ではなくまるで天空から聞こえてくる鬼神の声のようだった。

そんなある日、隣の邸の下女が憔悴した姿で訪ねてきてサムウォルに涙を流しながら次のように訴えた。彼女の女主人がとても大切にしていた金のピニョ（かんざしの一種）が急になくなってしまったのだ。ところが、女主人は何の罪もない下女だけを疑って事あるごとにいじめては鞭打った。もうこれ以上耐えられなくなった下女はサムウォルを訪ねてきて金のピニョを探してくれと哀願したのだった。

「どこにあるかは分るが、口にするのが……」

「えっ？　ご存じなのに、お話できないとは……。では私はどうすればいいのですか？」

「お前がピニョを探して、それだけ女主人に持っていったら盗んだものを返しにきたと疑われるに違いないではないか。だから、急いで邸に戻り女主人をここへ案内しなさい」

「はい、分りました」

下女はその足で飛ぶように邸に戻り、隣家の女主人を案内してきた。鬼神に憑かれているサムウォルはつんと澄まして座っている女主人を眺めながらニヤニヤと笑うだけで、しばらくは黙って口を閉ざしていた。怒りがこみ上げてきた彼女は腹を立て大声で怒鳴った。

「こやつ！　お前がいくら神に憑かれた者といえ、分際も弁えないで誰を愚弄しているのか？　さっさと金のピニョのありかを言わなければ、どういうことになるか分っているのか」

「私がありかを言うとお前はとても恥ずかしい思いをするだろう。それでも知りたいか？」

「お黙り、私は天地神明に誓って恥ずかしいところのない人間です」

この邸の下女たちが周りに集まって恐る恐る怯えた目でその様子を眺めていて、当の下女は下女なりに針の筵に座っている心地であった。サムウォルは意気天を衝いている女主人に向かって恐ろしい目をむき出して怒鳴りつけた。

「お前の体面を考えてこらえていたが、少しも悔い改める様子が見られないんだね。よろしい、望みどおりにピニョがどこにあるか教えてあげよう」

女主人は固唾を呑み、周りの人はサムウォルの口元を注視した。

「去る晦日の夜、お前は隣の家の男と裏山の椿の林で情を通じたではないか?」

サムウォルの言葉に真っ青になった女主人。

「な、何ですって! どこからそんな根も葉もない話を……」

「まったく呆れたもんだ、間男と楽しむのに夢中になってピニョを落としたのに気がつかなかったんだろうよ! 金のピニョは椿の木の下にあるから、さっさと行って探してごらん」

サムウォルが話し終えるや否や下女は椿の畑から金のピニョを探してきた。そして偉そうにしていた女主人は頭を垂れたまま逃げるように帰っていった。不倫がばれた彼女はとうとう実家に戻される羽目になってしまった。

ある日、大監家で大事にしていた品物がなくなった。大監夫人の密かな頼みでサムウォルが下男オクセを犯人として目星をつけたところ、腹を立てたオクセが、何を根拠に邪悪な鬼神が罪のない人間を陥れるのかと喚きながらサムウォルに食ってかかった。六尺の大男オクセがおどりかかってもサムウォルはびくともしなかった。

「お前こそ死にたいのだね!」

サムウォルが言うが早いか、こぶしを振り上げていたオクセは血を吐きながらその場に倒れてしまった。

事がここまで来ると、家の人たちから鬼神を追い出さなくてはならないという話があちこちで起こり始めた。そして、とうとうこの家の主人であるチョン相国《サングク》（朝鮮時代の高官の総称）の知るところとなった。鬼神は特別にチョン相国を畏れていた。彼が退庁して帰ってくる時間になると静かにしていて、出仕するのを待っていて活動を開始した。邸中の人たちが秘密にしてきたためにチョン相国は詳細な事情を知らなかったのだ。事件の経緯を聞いたチョン相国はサムウォルを呼びつけて静かに諭した。

「どういったわけでそちがこの邸に来たのか分らないが、人間の中で長い間留まっているのはよくないことだから、直ぐにここを去って、もといた藪に帰りなさい」

すると、鬼神は哀願し始めた。

「私めはこの家に福を授けようとしただけで、一度も災難を起こしたことはございません。代々この家に留まって、心を込めてお仕え申し上げますので、どうぞ出て行けとおっしゃらないでくださいませ」

「お互いに本分が違うのにどうして鬼神と人間が一つ屋根の下に住むというのか？　さあ、自分本来の道に戻りなさい！」

チョン相国が厳しく叱ると、鬼神は物悲しく泣きながらサムウォルの体から脱け出してどこかに去っていった。サムウォルは三日の間深く眠り続けた。その後、目を覚ましてからは何の支障もなく無事に暮らした。世間の人たちは国の宰相として高い徳を持ったチョン相国を慕った鬼神がその邸の下女に憑いたのだと考え、チョン相国を今まで以上に畏れ敬ったという。

8　同衾証明文書

新婚の部屋の灯りが消えた。指で障子に穴を開け、新郎と新婦の一挙一動を見守りながらゲラゲラ笑っていた意地悪い新房チギ（結婚の初夜に親戚や近所の人たちが新婚の部屋の障子に穴を開けてのぞく風習があり、そんな行為をする人たちのこと）たちも帰っていき、今はもうすっかり二人だけの時間になったのだ。布団の中で新郎は新婦をしっかりと抱きしめ口付けをした。新婦は恥ずかしそうに応じた。二人とも初めての経験であった。新郎の手が下着を脱がし乳房をまさぐり始めた時、新婦の体がかすかに震え始めた。その時だった。

「若旦那様……。若旦那様……」

部屋の外で慌てて新郎を呼ぶ声が聞こえた。新郎は動きを止めた。

「誰だ?」

「トㇽセでございます。早くお出ましくださいませ」

「何の用なんだ?」

新郎は苛立たしそうに部屋の戸を開けて上半身を外に出した。

「若旦那様、チョン進士《ジンサ》（科挙で小科や進士試験に及第した人）様が……、ご主人様がお亡くなりになりました」

「何だと？　お父上が！」

新郎の顔から血の気が引いた。不吉な予感がして耳を澄ましていた新婦の顔も真っ青になった。新郎の父親のチョン進士は大金持ちで子供は一人息子だけだった。早く夫人と死別し、継母に育てられた一人息子に対する憐れみと父性愛が人並みではなかった。そのように目に入れても痛くないほど愛していた息子が結婚をすることになりどれほどうれしかったことか。チョン進士は新婚生活に入る息子を見送った後、気分よく酔って庭園にある東屋でうたた寝をしたのであるが、眠りからさめることなくそのままこの世を去ったという。新郎は急いで服を着て新婦に「本家に行ってこなくては、待っていてください」という短い言葉を残して、初夜も済ますことなく慌てて飛び出していった。新婦のヨンシㇽはこの意外な出来事に茫然自失してどうしていいか分らなかった。

その日は一日中嫌な雨が降り続けた。門柱にもたれて心うつろに外を眺めていたヨンシㇽは浅い眠りについた。夢うつつに「ヨンシㇽ、ヨンシㇽ！」と呼ぶ声が聞こえた。ヨンシㇽが庭の方に顔を向けると初老のソンビ（学識はあるが官職に就かない人）が立っていた。

「ヨンシㇽ、私が誰か分るか？」

よく見慣れた顔だと思われたが誰だか分らなかった。

「ヨンシㇽ、私はお前の舅、チョン進士だ」

「あっ、お父上様…！」

ヨンシㇽは胸がいっぱいになり、それ以上何も言えず、急いで立ち上がり礼儀正しく深く頭を下げながら挨拶をした。

「ヨンシㇽ、お前に大切な頼みごとがあってこうして訪ねてきた」

チョン進士は物悲しげな顔でヨンシㇽを眺めながら話を続けた。

「お前の夫が近々立ち寄るであろう。その時、お前の体を求めたら断らないで言うとおりにしなさい」

「何ですって?」

「喪中だといって断ってはいけない」

「……」

「そして体を許した後、二人が同衾したことを文章として書き残して置くように。分ったか? 必ずそのようにしなければならぬぞ」

そんな言葉を残して、チョン進士は暗闇の中に消え去った。

「お父上様、お父上様!」

と呼び叫んで、驚いて目を覚ましてみると夢だった。いつの間にか雨は止んで軒先には水滴がぽとりぽとりと落ちていた。

その日の夕方、日が暮れて新郎が訪ねてきた。近くの山に父を埋葬することにし、親戚の長老たちと墓の位置を確認するために来たのだが、とても新婦に会いたくて、こっそり脱け出してきたといった。彼は部屋の中に入るや否や息をつく間もなく新婦にしっかと抱きついた。そしてまるで初夜を今になって迎えることの補償でもあるかのように新婦の服を荒々しく脱がせ始めた。ヨンシㇽは夢の中のチョン進士の頼みを思い出しながら素直に新郎の体を受け入れた。

嵐のような時間が過ぎて、戻っていく準備をしている新郎の前にヨンシㇽは紙と筆と墨を置いた。

「今日、私と同衾したことを証明する文章を書いて下さい」

「ハッハッハ、同衾証明文書だと……？」

ヨンシㇽの言葉に面白がって新郎は筆をとり「某年某月某時に新郎誰々と新婦誰々は同寝して候」といたずら書きするようにして書き、花押までした。新郎はヨンシㇽに葬式を終えた後、吉日を選んで連れに来ると言い残して行きたくない様子で何度も振り返りながら去っていった。

そして一〇日後、新郎が死んだという悲しい報せが伝えられた。今日か明日かと嫁ぎ先から呼んでくれる日を首を長くして待っていたヨンシㇽはその晴天の霹靂のような消息に気を失ってしまった。チョン進士父子が続けて疑問の死を遂げ、後妻が財産を独り占めするために二人を毒殺したという噂が広まった。捕盗庁《ポドチョン》（朝鮮時代、泥棒やそれ以外の犯罪者を捕まえるために設置された官庁）でも疑問を持ち捜査をしたが、チョン進士の時のように新郎も眠ったままこの世を去っていて、死体からは何の外傷も見られず、毒殺の痕跡も見つけることができなかった。

ヨンシㇽは新郎の葬式にも呼ばれず、その後、嫁ぎ先からは何の連絡もなかった。嫁として認めないという意味であることに違いなかった。幸いなことにチョン進士家の代は切れなかった。ヨンシㇽが妊娠したのである。その時になってヨンシㇽは夢の中にまで現れて頼んだ霊魂の心を理解することができた。

ヨンシㇽはどんなことがあっても生まれてくる子供がチョン進士家の後継者として堂々と成長できるようにすることが母としても道理であり、故人となった二人の霊魂の意志を貫く道だと考えた。ヨンシㇽは大きくなったお腹を抱えて嫁ぎ先に向かった。そこにはチョン進士の後妻で死んだ夫の継母だったヤン氏夫人が居座っていた。

「この家との縁が無かったものとして、結婚しなおして幸せに暮らしてほしいと思っていたのに、誰が喜んで迎え入れると思ってきたのですか？」

継母の冷ややかな反応にヨンシㇽは心を決めた。

「この家門の血を継ぐものをどうなさるおつもりですか?」

ヨンシㇽの抗弁に継母は顔色を変え、ヨンシㇽの大きなお腹を見つめた。

「たとえ子供を孕んだとはいえ、その子がチョン家の跡継ぎだということがどうして分るというのか?」

ヨンシㇽは怒りを抑えながら袖の中から文書を出してヤン氏夫人に見せた。

「同衾証明文書……!」

継母は意外な伏兵に出くわしたとでも言うように低いうめき声をもらしながら綿密に筆跡を対照した。そして開いた口をふさぐことができなかった。

「こんなことになると、どうして分って同衾文書までもらっておいたのか?」

「……」

「ヨンシㇽ、チョン家の代を継ぐ貴重な孫ができたのですね、有難う」

継母はやっとヨンシㇽの手を握って泣き始めた。そして周りを窺った後、ひときわ声を低くして頼んだ。

「この事実が分れば、財産を狙っているものがいるかもしれないから、私が知らせるまで実家に戻っていなさい。絶対に噂にならないようにしなければなりませんよ」

ヨンシㇽはチョン家の家族となって暮らす覚悟をして来たのだが、生まれてくる子供の安全を考えて継母ヤン氏夫人の忠告に従うことにした。

実家に戻ったヨンシㇽは出産が目の前に迫ってきた頃、嫁ぎ先から人が訪ねてきた。死んだチョン進士の遠い親戚にあたる従弟で、ヨンシㇽの縁談が取り交わされた時、婿側の代表として来たチョン・ガだった。

彼は継母ヤン氏夫人が家の宝物と土地の文書をすべて持って執事と共に潜伏したという驚くべき消息を伝え

た。継母に会った時、感じた不吉な予感が現実となったわけだ。チョン・ガはお金の包みを手渡しながら、自分が二人の悪い奴たちを必ず探し出すから、どうぞチョン家の跡取りの面倒をよく見て下さいと頼んでから帰っていった。

その後、ヨンシㇽは元気な息子を産んで名前をユボㇰ（有腹：韓国では父親が死んだ後に生まれた子の名前としてよく付ける）と付けた。母親は娘が大金持ちの嫁になれなかったことを残念がったが、ヨンシㇽはそんな贅沢な夢はとっくに忘れていた。針仕事をしながら生計を立て、一時も子供を背中から下ろさなかった。彼女の生きる望みはただただユボㇰだけのようだった。

「ヨンシㇽ、早く目を覚ましなさい。ヨンシㇽ、ヨンシㇽ！」

夜遅くまで針仕事をしていて眠り込んでしまったヨンシㇽは、せわしく呼ぶ声にびっくりして起きた。舅のチョン進士の声に違いなかった。霊魂が危険を知らせるために自分のところに来たと直感したヨンシㇽは破れた部屋の障子に目をあてて外を窺った。月の光が明るい庭に黒い影が近づいてくる様子が映った。ヨンシㇽはすばやく子供を抱いてくぐり戸を抜け、台所へ脱け出した。すると、部屋の戸の鍵が外れる音と共に怪漢が部屋の中に入ってくる気配がした。ヨンシㇽは寝入っているユボㇰを藁束の中に隠し、包丁を握った。部屋の中でヨンシㇽ親子を探せなかった怪漢がくぐり戸の方に近づくと包丁を握ったヨンシㇽの手がブルブル震えた。怪漢がくぐり戸を開けて台所の方を探ろうと首を出した瞬間、ヨンシㇽが振り回した包丁が怪漢の目を突いた。

「ウアッ！」

悲鳴と共に怪漢は台所の地面に転がった。どこからそんな力が出てきたのか自分でも分らなかった。ひたすら息子を守らなくてはという思いだけだった。ヨンシㇽは怪漢に馬乗りになって首に包丁を当てた。怪漢は意外にもチョン・ガだった。母親を先頭に騒ぎに驚いた近所の人たちが集まってきてチョン・ガを縛り上げ、ヨンシㇽを引き離すと彼女はぐったりとして気絶してしまった。

チョン・ガは捕盗庁に拘束され、事件の真相が明らかにされた。チョン・ガは寝ている人の耳に毒草の汁を流し込む方法でチョン進士親子を殺害し、残った継母ヤン氏だけ処分すれば財産がすべて親族である自分の手に入ることを期待したのだが、考えもしなかったヨンシㇽが同衾証明文書を持って現れたためすべてのことが水の泡になってしまう危機に瀕して、ユボㇰを殺そうとしたのだ。チョン・ガは用意周到にチョン進士家のすべての文書を別に控えておいて、ヤン氏夫人が潜伏すると捕盗庁に申告し、彼らが財産権を行使できないようにしておいていた。ユボㇰだけを亡き者にすると財産が自然に自分の所にくると期待したのだ。

数日後、ヨンシㇽはユボㇰを抱いて夢にまで見た嫁ぎ先に向かった。継母ヤン氏はすでに帰っていた。彼女はヨンシㇽを喜んで迎え、どうして同衾したことを証明する文書をもらっておくことを考えたのかと聞いた。

「夢に現れたお父上の言いつけを守っただけです」

ヨンシㇽの話にヤン氏夫人も驚きの色を隠すことができなかった。

「そうだったのですね。私も夢の中で教えてくれたその方の言いつけに従って、宝物と土地の文書を持って身を隠したのだが」

二人の女人はこれらのすべてのことが家門の代が切れないようにした霊魂の恩徳であることを悟り、感謝の涙を流した。その後、ヨンシㇽはユボㇰを立派に育てて舅のチョン進士の恩に報いた。

9　亡夫の慟哭

金剛山ビロ峰の中腹にある小さな庵。月の光がかすかに射している庭に、朗々と本を読む声が漏れていた。しばらくして、一人の僧が部屋へ近づいてきて咳払いをすると声が止まり、若いソンビが部屋の戸を開けて顔を出した。

「さあ、見てごらんなさい。山に月の光が満ち満ちている。こんなに素晴らしい夜を何もしないで過ごすなんてつまらないではないか？　酒でも酌み交わそうではないか」

「僧が酒とは？」

「ホホー、拙僧は解脱したので心配ない。さあさあ、出ていらっしゃい」

僧が酒の瓶を振ってみせると、ソンビは誘惑に勝てないという風に外に出てきた。

そして月の光と紅葉が調和を見せる絶景の中で二人は酒を酌み交わした。

「今日は僧であり俗人であることを忘れて酔いつぶれようじゃないか」と、僧は話しかけたが、しかし、ソンビの顔は憂いに満ちていた。

「若いのに、どうして悩み事がそんなに多いのか？」

「……！」

「一人で悩んでいないで、その悩み事とやらをすっきりと打ち明けては」

「すべては、いわば女難が招いたこと」

と、ソンビは深いため息をついた。

「女難とは。興味がそそられるわい。じゃ、その女難とやらを伺いたいものだ」

僧の催促に口を開き始めたソンビ。

彼は江原道檜城《フェソン》出身で名前はペㇰ・インオㇰと言った。科挙の準備のため漢陽に上ってきて友だちの金書生の家に起居する居候の身であったが、ある日友だちの父親である金大監に奥の間に呼ばれた。金大監は隣家の娘がペㇰ・インオㇰに片思いをした余り恋患いをして死にかけているので、こっそり会って思いを遂げさせてあげなさいと言うのであった。ペㇰ・インオㇰが家を出入りする度に塀越しに自分を覗き見している娘の視線を感じていたが、どうもその娘のようだった。ペㇰ・インオㇰには妻がいるので、そんな不道徳なことはできないと丁寧に断った。数日後、娘の父親が訪ねてきて娘が今死にかけているのでどうぞお願いだから一度だけ会って欲しいと哀願した。ところがペㇰ・インオㇰはソンビの道理ではないと最後まで応じなかった。結局、娘はペㇰ・インオㇰを恨みながら柱に首をくくってしまった。隣家の娘が死んだので金大監は大いに怒り、そのような人情のない者を家に置くことはできないとペㇰ・インオㇰを追い出してしまった。

それからはペㇰ・インオㇰには不幸の連続だった。科挙には続けて落第し、流行病で妻まで亡くした。夜になれば悪夢にうなされ、怨鬼の哭き声が幻聴のように聞こえた。生きる意欲を失ったペㇰ・インオㇰは死のうと決心して金剛山に登った。ビロ峰の頂上から渓谷に身を投げるつもりだった。ところが、不思議なことに金剛山に入山するや否や幻聴もなくなり、毎晩うなされた悪夢から解き放たれた。やっと心の安らぎを見つけた。彼は怨鬼が恐ろしくて、もう世俗に戻っていく勇気もなく、この庵に居座って時間を過ごしているといった。

ペㇰ・インオㇰが身の上話を終えると僧はあっはっはと高らかに笑った。

「鬼神とか怨神とかはすべて心が作り出すもので、実体があるものじゃないわ。そんなものは初めから無視してしまうんだな。そしたら勝手に近づいてはこれないから」

「どうして無視できるというのですか?」

「純情なこと言って、私の話を聞いてみなさい。

入山する前、私は金持ちの家の使い走りの下僕だった。ところが、その家の一人娘ヨンイお嬢さんを死ぬほど好きになってしまった。下僕の身分にもかかわらず、だ。彼女を胸に抱いたら死んでも悔いがないような気がした。

その日も今日のように月が明るかった。私は別棟に灯りが消えるのを待ってお嬢さんの部屋に忍び込んだのだ。そして寝入ったお嬢さんの顔をひとしきり眺めていたんだ。何ともいえないほど美しかった。私は沸きあがった激情を抑え切れなくなってお嬢さんを抱きしめてしまった。目を覚ましたお嬢さんが驚いて悲鳴を上げたんだ。私はあわてて彼女の口を塞ぎ、夢中で首を押さえた。しばくして我に返ったらヨンイお嬢さんは死んでしまっていた……」

しばらく口を閉ざして、喉が渇いたのか酒を飲み干している僧を眺めながら、ペㇰ・インオㇰの顔は衝撃でこわばっていた。

「その脚で逃げ出したってわけさ。頭を剃って僧のふりをして隠れて暮らしたんだ。人生って変なものさ。そうしている内に本当の僧になってしまったんだから……。フフフフ」

瞬間、義憤に耐えなくなったペㇰ・インオㇰがパッと起き上がって大声で笑っている僧の顔を蹴飛ばした。

「何を、どうした……！」

不意の一撃を食らって驚いた目で眺めるにせ坊主の胸に向けて再びペㇰ・インオㇰの脚が一撃を食らわした。彼は悲鳴を上げる間もなく深い絶壁の下に転がり落ちてしまった。即死だった。

「犬畜生にも劣る奴……！」

しっかりと握り締められていたペㇰ・インオㇰのこぶしはまだブルブル震えていた。その時、晴れていた空に稲妻が光り、雷が鳴った。そして旋風と共に悲鳴とすすり泣く声が続いたかと思うと、虚空から声が聞こえた。

「ペㇰ・インオㇰ様、怨みを果たしてくださって有難うございます。私はあの下僕のために怨みをのんで死んだヨンイの霊魂でございます。ペㇰ・インオㇰ様の恩に報いようと今までペㇰ・インオㇰ様を苦しめてきた怨鬼を、今、片付けました。もう安心して下山なさってください。これからはペㇰ・インオㇰ様の前途に幸運が待っていることを祈っています」

女人の声が消え去ると山の中は寂寞に閉ざされていた。すでに月は沈み、ビロ峰は暗闇に覆われていた。すべてのことがペㇰ・インオㇰには夢のように思われた。

あくる日、何の未練もなく庵を発って、急いで漢陽に向かっていたペㇰ・インオㇰは九月山《クウォル》の登り口にある酒幕《チュマク》（宿付きの居酒屋）に一晩泊まることになった。若い酒幕の女主人は夫と死に別れたようで喪服を着ていたが大変な美人だった。ペㇰ・インオㇰは彼女の人の心を惑わすような姿が目の前にちらついてなかなか寝付けなかった。必死になって彼女に対する幻影を追い払おうとしたが、どうしようもなかった。このようなことは生まれて初めてのことだった。ソンビの高潔さも自尊心も捨ててしまってペㇰ・インオㇰは女主人の部屋の戸に手をかけた。

彼女は寝ていなかった。

「何の御用で……?」

驚いたようではあったが、落ち着いた声だった。

「今夜あなたと縁を結びたくて」

ペㇰ・インオㇰの単刀直入な告白に、彼女はしばらく黙っていた。そしてそっと立ち上がり文机を開けて紙と筆と墨を取り出した。

「私めが書いた文の後の文を書いてくだされば、あなた様の願いを受け入れましょう」

一介の酒幕の女主人が文を作って競い合おうという話に、ペㇰ・インオㇰはあきれたが、断る理由もなかった。

彼女は静かに筆をとり、「若結縁　於今夜（もし私たちが今夜縁を結べば）……」と書いた。かなり達筆だった。筆を受け取ったペㇰ・インオㇰは「前世の因縁が結ばれるのだからどれだけうれしいことか」と結びの句をつけた後、会心の笑みを浮かべ女人を眺めた。すると女人は首を振ったかと思うと、また筆をとり、「故郎哭　於荒天（死んだ夫があの世で慟哭するでしょう）」としたためた。丁重な拒絶であり、遠まわしの諌めの言葉だった。ペㇰ・インオㇰは、はっと我に返り、瞬間の淫らな心を鎮められなかったことを恥じた。

「ソンビでありながら恥ずかしい振る舞いを致した。許せ」

ペㇰ・インオㇰは女主人に心の底から謝り、大急ぎで酒幕を発った。

漢陽に着いたペㇰ・インオㇰは金大監の邸に訪ねていった。金大監家では様々な出来事が起こっていた。友だちの金書生は急病でなくなり、一人息子の死に失意に落ち込んだ金大監は世の中を厭って蟄居していたのだ。昔の栄華はどこへ去ってしまったのか、家の中は物寂しさのみが覆っていた。金大監はペㇰ・インオㇰ

に会うや否や「君に会ったら死んだ息子が帰ってきたような気がする」と言い、目に涙をいっぱい浮かべた。ペク・インオクが次の科挙の試験に挑戦するつもりだと言うと、金大監は「それまでこの家で留まっていなさい。勉強の合間に私の話し相手でもしてくれたら」と言いながら引き止めた。

その日の夜、ペク・インオクは久しぶりにふっくらとした布団に寝ることができ、ゆったりとした気分で眠りに就こうとしていた。寝入ろうとした瞬間、誰かが密かに戸を開けて入ってきたかと思うと、布団の中に入ってきた。

刺激的な婦人の化粧の匂いが鼻を突いた。

彼女は死んだ金書生の妻李氏だった。若い身空で夫に先立たれ、寂しさに耐えられず恥ずかしさを忘れてペク・インオクの部屋に忍び込んできたのだ。彼女はペク・インオクの胸にしがみついてすすり泣いた。真に、困り果てたことだった。その時、ペク・インオクの脳裏に酒幕の女主人の文が思い浮かんだ。

「夫人の願いを聞き入れる前に、一つお見せするものがあります」

ペク・インオクは、すすり泣いている女人をなだめながら灯りをつけて紙と筆と墨を取り出した。そして筆をとって文を書き始めた。

若結縁　於今夜　故郎哭　於荒天

「もし、今夜、私たちが結ばれたら、死んだ夫があの世で慟哭するでしょう」

その文を読んだとたん、夫人はうなだれて嗚咽し始めた。その泣き声はまるで絶叫しているかのようだった。

ちょうどその時、金大監が戸を開けて入ってきた。金大監は嫁が別棟にいくのを見て、ペク・インオクが嫁を誘い出したと思い、刀を抜いてその後を追った。二人の淫らな男と女を殺そうと部屋の中をのぞいた金大監はペク・インオクが文章で嫁を諭しているのを見て感動したのだ。そしてペク・インオクのような高潔なソンビを見抜けず、誤解した自分を大いに恥じた金大監は「私はもう死期が近づいているが後を継ぐ息子がいない。君が私の息子になって嫁と結婚してくれたまえ」と言ってペク・インオクの手をしっかりと握った。

その後、ペク・インオクは李氏夫人と再婚して金大監の実質的な後継者となり、幸せな余生を送った。ペク・インオクはこれらのすべてのことがヨンイの霊魂が酒幕の女主人に化身して自分の前途をあらかじめ示してくれたものと思い、一生感謝の念を忘れなかったという。

10　鬼神の願い

鳥も羽を休めた後越えるという聞慶竹嶺《ムンギョンチュクリョン》のセジェ峠は、昔から科挙を目指して漢陽に向かう多くのソンビたちの汗と涙で濡れた峠だった。朴書生はセジェ峠の中腹で道端の岩にもたれて座り、疲れた体を休めていた。彼もやはり科挙の試験を受けるために漢陽に向かう途中だった。涼しい松風に汗をしずめながら痛む足を揉んでいた朴書生の視野に、峠の下からロバに乗った女人の一行が上ってくるのが見えた。女人はノウル（女性の外出用の薄いヴェール）をかぶっていて顔を見ることはできなかったが、喪に服している装いから推して未亡人であるに違いなかった。

一行が朴書生の前を通り過ぎる瞬間、つむじ風が吹いて女人がかぶっていたノウルが朴書生の前に落ちた。朴書生は急いでノウルを拾い上げてロバに乗っている女人のそばに近づいた。

彼女は三〇歳前後に見え、優雅で清純な姿をしていて一輪の睡蓮を連想させた。

「何と、世の中にこんなに美しい女人がいるとは……」

朴書生は魂が抜けたようになって彼女を眺めた。女人は恥ずかしそうに顔を赤らめながら催促するように手を差し出した。彼女の手にノウルを手渡した後も彼は感電したように一時その場を動けなかった。チリンチリンと鈴の音を鳴らしながら女人が乗ったロバはゆっくりと峠の上に去っていった。

いつの間にか日が西の山に傾いていた。朴書生は急いで旅支度を整えて先立って行った女人を追いかけるかのごとく峠を上り始めた。山の稜線を越えると急に日が暮れてしまった。女人の一行はどこに隠れてしまったか姿が見えず、薄気味悪いふくろうの鳴き声が旅行く者を心細くさせていた。これ以上暗くなる前に一晩過ごす場所を探さなくては猛獣の襲撃を受けるかもしれない。朴書生は松葉を踏みしめながら慌てふためいて前へ前へと進んでいった。冷や汗が背筋に沿って流れていた。

ちょうどその時、遠くの樹木の間にチカチカと灯りが見えた。間違いなく人家があるのだ。朴書生は死に物狂いで灯りを目指して走っていった。木の枝を引っ掛け、石に躓き何度も転んでやっと着いた所に、何とかなり大きな瓦ぶきの家がすっくと建っていた。

「物申す」

朴書生は急いでいることを隠すかのように意気揚々と声を張り上げた。しばらくして灯りを持った下女が門を開けて顔を出した。

「道行く旅人が一晩泊まりたいと主人に申し上げなさい」

「ご主人様はいらっしゃいませんし、奥様一人いらっしゃる家ですので他のところに行って下さい」

「こんな夜にどこへ行けというのか?」

「そんなこと、私たちの与り知らないことです。とにかくお泊めするわけにはいきません」

下女が冷たく門をパタンと閉めて中に入っていってしまうと、朴書生は門のそばにうずくまって座り、ぼんやりと空の星を眺めた。門前払いを食ってがっかりしている自分の姿がみすぼらしく思われた。

夜が更けていった。塀にもたれて座り、体を丸めてうとうとしていた朴書生は、ふと人の気配を感じて目を覚ました。眠りから覚めきらず目をこすりながら辺りを見回すと、月の光の中に黒い影が塀を乗り越えているのが見えた。朴書生は注意深く体を起こした。女たちだけいるのを狙って入ってきた強盗に違いなかった。先ほどの下女の冷たい振る舞いを考えると知らない振りをしようかとも思ったが、道理ではないと思われた。義侠心を奮い起こし、朴書生は怪漢が塀の中に姿を隠した後を追って塀を乗り越え始めた。

四方は静まり返っていて怪漢の行方は分らなかった。花壇の柏の木の陰に体を隠しどこへ行けばよいか迷っていた朴書生の視野に半開きの中門が見えた。怪漢はその門を通り過ぎて別棟に行ったに違いなかった。すぐにでも悲鳴が聞こえてきそうで、焦った朴書生は物置小屋から鎌を抜き取って大急ぎで別棟の方に近づいていった。その時、部屋の中からなまめかしい女の笑い声がもれてきた。朴書生は息を殺して破れた障子の穴に目をつけて部屋の中をのぞいた。部屋の中では坊主頭の男が全裸の女を抱いて愛撫をしていた。男の懐に抱かれて嬌声を上げている女はまさしくセジェ峠で見たその女人ではないか！

「あれ程清純に見えた女人が坊主と戯れているとは、その上、未亡人の身で……」

朴書生は頭から血の気が引いていくようだった。

しばらくして、ひとしきり情欲の嵐が通り過ぎたようで部屋の中では睦まじい話し声が聞こえてきた。

「今日はどうしてこんなに遅くなったのですか？」

「糞っ垂れの住職がなかなか寝なくて。この際、あの爺も片付けてしまうか？」

「そんなこと言わないでください。そうでなくても恐ろしい夢ばかり見るのに……」

「どうしたんだ？」

「この頃、夢で度々あの人を見るんですよ」

「フフフ、お前も実にひどい女だ。夫を殺しておいて間男にこんなに夢中になっているんだから……」

「何ですって？　私は知らないことですよ」

「何だと、弱い夫とは暮らせないと愚痴を言っていたのは誰だったかな？」

「誰が本当にその人を殺すと思いましたか、ほんとに」

「ふん、元の夫が恋しいと言うわけだな」

「マア、どうして心にもないことをおっしゃるの……。私にはあなたしかいないってば」

精一杯体をくねらせ嬌態を見せながら抱きつく女、にせ坊主は続けざまに豪傑笑いをしながら、彼女の腰を抱いて乳房を愛撫し始めた。彼らの対話から推し量って、女の頼みを聞いてにせ坊主が彼女の夫を殺害したのに違いなかった。鎌を握り締めた朴書生の手がブルブル震えた。彼らを成敗しないでは科挙も何の意味もないと思われた。朴書生は戸を蹴って開け、部屋の中に飛び込んだ。思いもよらない朴書生の出現に、女とにせ坊主はあっけにとられ顔色を失って恥部を隠すのに必死だった。

「この天罰を受ける奴たち。天を畏れないのか！」

朴書生は雷のような声で叫びながらにせ坊主に向かって鎌を振り下ろした。胸に鎌が突き刺さったままにせ坊主が鮮血をほとばしらせ倒れると、女は真っ青になってブルブル震えた。朴書生は鎌を握って女に近づいていった。しかし、到底彼女まで殺すことはできなかった。

「お前は殺す価値もない人間だから命は助けてやるが、天罰が下るであろう」

朴書生がそのまま振り返っていこうとすると、女はすすり泣きながら彼の服の裾をつかんで懇願した。

「お願いです。私も殺してください……」

必死になってすがりつく女を振り放して朴書生は急いで部屋から出た。板の間を過ぎて庭に下りた頃、背後で女の悲鳴が聞こえた。彼女が銀粧刀《ウンジャンド》（銀装飾をほどこした小刀、護身用にも使われる）で胸を突いて自決した声だった。朴書生はあたふたと塀を乗り越えた。本棟と別棟が隔離されている構造なのでそんな騒動にもかかわらず家の中は物音一つしない静かさで包まれていた。

日が昇り、明るくなり始めた林の中を朴書生は魂が抜けたように歩いていた。自分の身に起こったことがすべて夢のようで、少しでも早くこの悪夢のようなセジェ峠のある竹嶺《チュクリョン》山脈を脱け出したかった。背に負った荷物の紐をしっかりと結び先を急いでいた朴書生はどこからか聞こえてくる清々しい馬鈴（馬の首につけた鈴）の音を耳にして足を止めた。辺り一面に立ち込めた早朝の靄の中から近づいてくる彼の姿はまるで仙界に住んでいる仙人のようで、神秘な様子にさえ見えた。馬上のソンビは通り過ぎながら言葉をかけてきた。

「もしもし、もしかして科挙を受けに行かれるのですか？」

「さようでござる」

朴書生が返事をすると、彼は呆れたという表情をした。

「これはこれは、科挙でしたらもう終わってしまいましたよ。お戻りになった方が良いと思いますが……」

「何とおっしゃるのですか？　科挙の試験まではまだ半月も残っているはずですが」

「勘違いなさっていらっしゃるようですね。実は私、今回の科挙に試験を受けたのですが、落第して帰郷する道です」

「そんなはずが……？」

「私の言葉が信じられないのですか。今度の科挙の詩の題は七夕でした。壮元（科挙で首席合格すること）したソンビの詩句が余りにも素晴らしくて気に入り暗記していますよ」

「……」

「秋風が音を立て吹きながら夕闇へと続き、空には秋の月が皓々と明るい」

馬上のソンビは詩句を詠唱しながら霧の中に遠のいていった。朴書生はすっかり気が抜けてしまった。故郷へ戻ろうと思うとため息しか出てこなかった。科挙の場に臨むこともできず、落第の身になってしまってはどんな面目で両親に会えるというのか！　どうせここまで来たのだから漢陽見物でもしよう。そう考えた朴書生はまた漢陽に向かって歩き始めた。

漢陽に辿り着いた朴書生はまごつかずにはいられなかった。漢陽では全国から来たソンビたちが雲のように集まっていたし、科挙の日までまだ五日も残っていたのだ。それだけではなかった。科挙の試験場で朴書生はまたしても驚かずにはいられなかった。試験官が前に掲げた詩の題が馬上のソンビが言ったまさしくその「七夕」だったのだ。

「秋風が音を立て吹きながら夕闇へと続き……」

朴書生は筆をとってソンビが詠唱した詩句を思い浮かべながら、一気に書き下ろしていった。

壮元に合格するのは当然のことだった。

五年の歳月が流れた。御使《オサ》という身分で嶺南（慶尚南北道の別称）一帯を巡察していた朴書生はセジェ峠を越えていた。あの時のその現場を訪ねてみたかったためだ。そしてこの機会に自分に前以て詩の題を教えてくれたその恩人が誰なのか明らかにしたかった。

林の中の瓦ぶきの家はその当時のままだった。ところが、その家の前には以前にはなかった烈女門（貞女を表彰して建てた門）が建っていた。黄昏の夕日の中に照らされてひときわ威容を見せている烈女門を眺めながらいかがわしく思っている朴御使の前を、ちょうど、背負子を担いだ年寄りが通り過ぎようとしていた。

「このホンサル門（朱塗りの門）はいつ建てられたのですか？」

朴御使の言葉に年寄りは足を止めた。

「五年前、この邸の未亡人だった奥様が自分を強姦しようと押し入った生臭坊主を刺し殺して自決したのでございます。世間では稀に見る貞女が出たと褒め称えたのでございます。そこで朝廷から褒賞として……」

年寄りはまるで自分の家の話であるかのように自慢そうに話した。稀代の淫乱な女であり悪徳な妖婦が貞女に化けるとは……。朴御使は失笑せずにはいられなかった。彼は官庁に立ち寄り、真相を明らかにして烈女門を撤去させようと決心した。

いつの間にか夕日が沈み、暗闇が迫っていた。急いで下山している朴御使の前に見覚えのある柏の林が見えた。そして聞き覚えのある馬の鈴の音と共に樹木の間から馬に乗ったソンビの姿が見えた。

「ああ、遂に姿を現した！」

感激に打ち震えながら眺める朴御使の前に近づいたソンビは馬から下りて懇ろに頭を深々と下げお辞儀をした。

「御使様に御挨拶申し上げます。小生は金書生と申します」

朴御使も急いでお辞儀をした。

「大きな恩を受けたにもかかわらず挨拶が遅れました」

「恩は私が受けたのでございます。御使様でなければ怨みに充ちた霊魂が、どのようにしてその怨みを晴らすことができましたでしょうか？」

朴御使の推察どおり彼は自決した未亡人である李氏の夫、金書生の霊魂だった。病弱な上に科挙の勉強にだけ没頭していた金書生は若い妻の欲求を満足させることができないでいた。彼女は子供を産むために百日のお参りに行くという口実でお寺に入り浸り、生臭坊主と情を交わすことになったというわけだった。信じていた妻に裏切られ、間男に殺されてしまったのだからその怨みはいかほどであったろうか！　朴御使は憐れでならなかった。

「御使様がここに立ち寄ってくださるのを首を長くして待っておりました」

霊魂は何か言いたいことがあり気な眼差しで御使を見つめた。

「お話してごらんなさい。あなたの願いは何でも聞き入れましょう」

「御使様が今なさろうとしていらっしゃることをおやめください」

「何ということを？　村の長に会って事の真相を明らかにし、あなたのハンをすっかり晴らしてあげようと思ったのだが……」

「それは妻には恥辱になり、家門の恥になることでございます。妻も根は悪徳な女ではありませんでした。ただひたすら科挙に没頭して妻の苦しみを考えなかった私が間違っていたのです。お察しください」

「そなたを殺した妻を許すというのですか？」

「妻もすでに罪の償いをしました。妻の名が辱められるのを到底見ることができません。どうぞこのままお見逃しください」

「何ということを……」

「御使様、小生最後の願いでございます」

「……!!」

霊魂の広い度量に朴御使は自然に頭が下がった。

「そなたの願いどおりこのことは見逃すことにしましょう。安心して霊界にお戻りなさい」

「御使様、感謝いたします」

霊魂は謝意を表した後、さっと馬に乗ったかと思うと柏の林へ去っていった。朴御使は夜空を見上げた。空には星がきらきら光っていた。真に美しい夜空だった。

Ⅳ　転生譚

1　狐の転生

済州道西帰浦にパㇰ・ピョンという人が住んでいた。義侠心が強く武術も優れたソンビ（学識はあるが官職に就かない人）で寺子屋で多くの学童たちを教え生計を立てていた。ある日の夕方、狩に出かけての帰り、林の中で一匹の狐が古い墓を掘り返している光景に出くわした。毛が雪のように白い狐だった。パㇰ・ピョンは好奇心に駆られ、木の影に身を隠して狐の様子を見守っていた。狐は前足と口で墓に穴を開けて、その中から骸骨を取り出し、砥石で磨き始めた。そして骸骨を頭にかぶりピョンピョンと宙返りをしたかと思うと、あっという間に美しい女人に化けたではないか。実に奇妙なことだった。パㇰ・ピョンはとても驚いたが、早鐘のように打つ胸を静めて刀のつばを握り締めた。

「邪悪な獣を一刀の下に斬捨てよう！」

ところが、心の中で叫んでいるだけで、妖しく心を惹く女人の姿態を見た瞬間とても刀を抜く勇気が出ず、迷っている間に女人は墓場を脱け出して村の方に歩いていった。パㇰ・ピョンは磁石にひかれるかのように女人の後ろについていった。女人は村の入り口の水車小屋の前に着くと、歩みを止めて注意深く周りを見回した。「あの妖怪がいったい何を狙ってこの村に来たのだろうか？」パㇰ・ピョンは伊吹の陰に体を隠して逸る心を抑えていた。

しばらくすると村の方から書籍を抱えた若者が現れた。すると、女人は飛び出して行き、若者に抱きついたかと思うとその手を掴んで小屋の中に入っていった。パク・ピョンは仰天した。その若者は李進士家の三代続いた一人息子で自分の寺子屋に勉強に来ている学生だったのだ。パク・ピョンは刀を抜いて水車小屋に近づき中を覗いてみた。

女人は豊満な胸をむき出したまま若者を抱いて濃厚な愛撫と共に口付けをしていた。女人の愛撫が絶頂に達すると、若者は今にも息が切れてしまうかのように喘ぎながら、女人が口を合わせて舌から転がして入れてくれた玉を口の中で転がして、また女人の口に入れているではないか！　パク・ピョンははっと我に返った。狐が若者の精気を吸い込んでいるのに違いなかった。そうでなくても、この頃、その若者が青ざめた顔をして弱々しく痩せていくようで心配していたのだが、それはすべて狐に憑かれたせいだったのだ。そうと知った以上、見ぬ振りしてほっておく訳にはいかなかった。

パク・ピョンはパッと勢いよく戸を蹴って小屋の中に入り、逃げる隙を与えず女人の首に刀を当てた。若者は魂が抜けたような朦朧とした瞳でパク・ピョンを眺めていて、女人は真っ青になってブルブル震えていた。

「お腹に子供が……。どうぞお情けを……」

女人は哀願したが、パク・ピョンは頑として応じなかった。

「邪悪な獣が小細工をして人間を誑《たぶら》かすとは……、許すわけにはいかない！」

パク・ピョンの刀は風を切って振り下ろされた。凄絶な悲鳴と共に倒れた女人は血走った目でパク・ピョンを睨みつけながら歯軋りをした。

「死んでもこの復讐はせずにはおくものか……！」

女人は徐々に狐の姿に変わりながら悲痛な鳴き声と共に息を引き取った。パク・ピョンが死んだ狐の腹を切裂いてみると狐は子を孕んでいた。パク・ピョンは狐の皮を剥いで首巻を作り夫人への贈りものにした。

その日から百日後に夫人は娘を産んだ。生まれた子供は健康だったが、母親は出産の苦痛に耐えられず気を失ったまま息を引き取った。妻をとても愛していたパク・ピョンの悲しみは大きかった。彼は寺子屋の門を閉めて蟄居し、一時は世間の人たちと顔も合わせなかった。母親を食い殺した子だといって子供のそばにも行こうとしなかった。

ソリと名づけられた子供は冷たい父親の下で寂しく成長した。幸いなことに幼いソリをとても可愛がる兄がいた。パク・ピョンの一人息子ソギは多情多感な少年で三つ下の妹にとてもやさしかった。兄のソギは寂しいソリがこの世で頼ることができる唯一の保護者であり守護神だった。

歳月が流れた。ソリは一五歳の夢多き思春期の少女になった。ある日、パク・ピョンは兄妹を呼んで前に座らせて悔恨の涙を流した。今まで自分だけ悲しみにくれてソリを虐待した過ちを悔い、父親代わりに妹の面倒を見てくれた息子のソギに感謝した。そして箪笥の中から白い狐の襟巻きを取り出し、ソリに手渡しながら母親の形見だから大切にするよう重ねて言った。

部屋に戻ったソリは狐の襟巻きを胸に抱いて大声をあげて泣いた。ソギが部屋に入っていってなだめたが、彼女は泣きやむ気配がなかった。ソギは母親に対する恋しさが積もりに積もって一度に爆発したのだろうと思い、静かに部屋から出てきた。泣き続けた挙句倒れてしまったソリはまる三日間床に臥した。高熱にうなされながら時々意識が戻ると、体全体をブルブル震わせ歯軋りをした。まるで怨恨で充たされた悪鬼が彼女に取り憑いたような様子だった。

そんなことがあった後、平和だった家庭に凶事が次々と起こり始めた。初め、数羽の鶏が姿を消してしまった時は山猫か狸の所業だろうと考え、大したことでもないと思っていたのが誤算だった。あちこちに設置しておいた罠をあざ笑うかのように鶏は相変わらずいなくなり、遂には豚や牛まで死ぬ状況にまでことが大きくなった。パㇰ・ピョンは呆然としてなす術を知らなかった。牛を殺せる獣といえば虎しかいないのだが、肉には手もつけないで内臓だけを引き出して食べるのが不可解だった。いったい何者がこのおぞましい所業をするというのか？

ソギは家畜に危害を加える怪物の正体を暴こうと決心して下人のセドㇽといっしょに畜舎に隠れて監視することにした。三晩は無事に過ぎた。四晩めになると眠気が襲ってきた。ソギとセドㇽは交代で寝ずの番をして畜舎を監視した。

丑三つ時が過ぎる頃、不寝番に立っていたセドㇽは牛の驚いた息遣いを聞きつけ手斧を持って立ち上がった。ソギを起こしたかったが、ぐっすりと寝ている様子を見て一人で処理しようと決心したセドㇽは足音を忍ばせて牛小屋に近づいた。牛小屋の中で黒い影が動いていた。暗くてよく見えなかったが、獣ではなく間違いなく人間だった。人影はすばやく牝牛の尻のほうに接近したかと思うと刀の刃のように立てた手を肛門の奥深く突き入れて肝を取り出して食べ始めた。セドㇽは驚きの余り息さえできなかった。

そしてしばらくして、死んだ牛の内臓をすべて食べきった怪漢は牛小屋の外に姿を現した。月の光に映し出された顔を見た瞬間、セドㇽはびっくり仰天した。

「こんなことが……！」

セドㇽは余りにも大きな衝撃を受け、その場で全身がこわばってしまった。

あくる日の朝、セドㇽは肝を食べられて死んでしまった牛の横で死んでいた。むごたらしい死に様だった。

パㇰ・ピョンは深刻な事態だと判断して、クアㇺという道士を招いて助言を求めた。クアㇺは家の隅々まで調べ、先祖の墓まで見回った後、重い口を開いた。

「今までの出来事は始まりに過ぎません。近い内にもっと大きな災難が降りかかってくるでしょう。この家の主人はもちろんのこと、ご子息の命も危なくなるでしょう」

びっくり仰天したパㇰ・ピョンはクアㇺの前に跪いた。

「私はどうなってもいい。息子ソギの命だけは救って下さい」

「前世で結ばれた悪縁の根を切るのが難しいです」

「この子は家門の代を継ぐ三代続いた一人息子です、お願いです……！」

涙で哀願する父親の真心に心を動かされたのか、クアㇺはじっと目をつぶり深い考えに沈んだ。

翌日、夜が明ける前にクアㇺはソギを連れて大急ぎで済州島の地を発った。彼らが発つのを見た人はパㇰ・ピョンの外、誰もいなかった。クアㇺはパㇰ・ピョンに生きてソギに会うことはできないだろうという言葉を残して飄然と去っていった。

夏が過ぎて秋も深まっていった。ソギが発った後、パㇰ・ピョンは生きる意欲を失ったように奥の部屋に蟄居して仏典だけを耽読し、ソリはソリなりに別棟にひっそりと孤独の中で暮らしていた。セドㇽの事件の後、生命の危険を感じた下人たちが一人二人と逃げてしまって、今では下女が二人だけ父親と娘の食事の世話をしていた。

寂寞とした中で秋の夜が更けていった。寝入ろうとしていたパㇰ・ピョンはカサカサという落ち葉を踏む足音に耳をそばだてた。母屋の方に近づいている足音に違いなかった。パㇰ・ピョンは枕のそばにおいてあった刀を引き寄せて静かに体を起こした。月の光が射している部屋の戸に人影が映り、音も無く部屋の戸が開いた。そこには白い喪服に狐の襟巻きを手にしたソリが立っていた。鬼気迫る娘の姿にパㇰ・ピョンはぞっと寒気がした。

「こんな夜更けにどうしたのだ？」

ソリは黙って狐の襟巻きを差し出した。

「この襟巻きを覚えていますか？」

「それは死んだ母親の形見ではないか？」

ソリは頷いた。

「これは一五年前にあなたにむごたらしく殺された私の前世の痕跡です」

「何だと？」

「必ず復讐するといった私の言葉、お忘れではないでしょう」

血走ったソリの目が憤怒に狂っていた。

「お前が……、お前が……！」

娘のソリが自分が殺した狐の転生だったとは！　パㇰ・ピョンはそれ以上言葉が続かず、魂が抜けたように娘の顔を眺めていた。

「お腹の子を助けて下さいとあれほど頼んだのに、ウウウウ……！」

ソリは野獣のような鳴き声を上げながら鋭い歯でパㇰ・ピョンの胸を食いちぎった。

「うあ！」

凄惨な悲鳴が寂寞とした夜空に響いた。

早朝、庵の裏庭に積もった落ち葉を掃いていたソギは一匹の白い蝶々が自分の周りをぐるぐる飛び回っているのを見た。彼は五台山にある小さな庵でクアㇺに仕えながら辛い日々を送っていた。

「白い蝶々は人の魂だというが、何かわけがあって私のところに来たのか?」

ソギが掃いていた箒の手を止め、物思いに耽っている間に、蝶々はひらひらと舞い上がったかと思うと塀を越えて、はるか遠く故郷の空の方に向かって飛んでいった。

「父上はご無事だろうか? ソリは元気だろうか……?」

ソギはこみ上げてくる恋しさに胸が締め付けられた。父親の厳命で訳も分らないまま故郷を後にした彼は、今までクアムについてまわりながら、様々な世間を渡ってきた。クアムは鬼神たちから苦しめられている人たちを救ってあげるのが自分の任務だといった。クアムは鬼神に憑かれた人たちを治すだけでなく、時には鬼神たちの愚痴も聞いて彼らの恨みも晴らしてやった。ソギはクアムの門下で修行しながらこの世の中には見える世界と見えない世界が共存するということを悟るようになった。

三年という歳月が流れた。クアムはソギを呼んで、もう故郷に帰る時が来たといいながら赤、黄、青、三つの色で作った絹の袋を渡した。俗世にはいろんなことがあるが、すべて情に流されずに冷静に対処しなさいと念を押し、危険が迫った時にこの袋を投げると危険を避けることができるといった。

黄昏時、すでに廃家になり人跡が途絶えた家の門の前に久しぶりに人影が現れた。師クアムの許しを受けて三年ぶりに故郷の地を踏んだソギだった。

「父上、只今戻りました!」

震える胸をおさえ門を押して中に入ったソギは荒れ果ててしまった家の様子に呆然とした。庭は雑草が生い茂り、埃だらけの縁側と破れた障子がお化け屋敷を連想させた。

「何ということだ……!」

ソギは廃家になってしまった昔の家を眺めながら涙を流した。その時、別棟の方に通じる中門が開いたかと思うと灯りを手にしたソリが現れた。憔悴した姿だった。

「お兄様……！」

彼女はそれ以上言葉が続かず、ソギの胸に飛び込んですすり泣き始めた。ソギが発った後、父まで病気で亡くなって、がらんとした空き家の中でソリひとりで兄が帰ってくる日だけを待っていたといった。

「ああ、父上！」

自分の危険を顧みず、ただひたすら愛する息子の安逸だけを心配して危険から息子の身を避けさせた父親の心遣いを知ってソギは嗚咽した。

その日の夜、夢に白い蝶々が現れた。蝶々はひらひらと飛びながら、五色の花畑を過ぎて、虹の橋を渡り雲の上に立っている東屋にソギを導いた。東屋には父パㇰ・ピョンの姿が見えた。

「ソギ、早く身を避けなさい。早く！」

急いで叫ぶパㇰ・ピョンの両眼から血の涙が流れていた。

「父上！」

悲鳴のような一言と共に目が覚めたソギは身辺に危険が迫っていることを感じて急いで外に飛び出した。今まさに庭に降りようとした時、憤怒に燃えたソリの声が聞こえてきた。

「私を置いて逃げようと？　そうはさせない！」

血走った彼女の目には殺気がみなぎっていた。

「ソ、ソリ……！」

「殺してやる。パㇰ家を絶滅させてやる！」

一瞬、ソリの姿が尾が九つあるという古狐九尾狐《クミホ》に化し、爪を熊手のように立てて近づいてきた。愛する妹が家に災難を振りかけた張本人だったとは！　ソギはすばやく門の外に逃げ出した。村を見下ろす峠の頂まで走ってきて、弾む息を整えていたソギは峠の上にすでに着いて待っているソリの姿を見て腰をぬかすほど驚いた。

「どこへ逃げようと！」

ソリは鋭い糸切り歯をのぞかせながら彼に近づいてきた。その時、師のクアムがくれた絹の袋を思い出した。ソギは急いで腰につけていた黄色の袋を解いてソリに向かって投げた。その瞬間、袋が落ちたところに茨が生えてソリを取り囲んだ。棘に刺さったソリは悲鳴を上げながら茨の中で身もだえした。その隙にソギは必死で逃げた。ところがソリは体中に棘が刺さったままで血を流しながら追いかけてきた。ソギはまた赤い袋を投げた。今度は炎が燃え上がり、ソリの前に立ちふさがった。ところが火炎もソリの執拗な追跡を妨げることができなかった。ソリは火達磨になったままソギを追いかけてきた。

「父上、助けて下さい！」

ソギは最後に残った青い袋を投げた。その瞬間、稲妻が光って雷と共に暴雨が降って巨大な雨足がソリを呑み込んだ。

「お兄様……！」

悲しい悲鳴が水の底に沈んだ。

「ソリ……！」

仲の良かった妹のことを思い出しながらソギはとめどなく涙を流した。暴雨が止んだ後、ソリが死んだ跡には大きな池ができたのだが、世間の人は狐が水にはまって死んだ所だからといって、そこを狐の池と呼んだという。

2

業報（業因と果報）

江華島のプンリ山脈に三つの岩が並んで立っている峰があって、いつ頃からかこの岩は三兄弟峰と呼ばれるようになっていた。プンリ山のふもとのタンサンリという村に住む金進士は、徳が篤く寛大で人情が厚いことで人々から尊敬されていた。膝下に年子で三兄弟がいて三人とも衆人より抜きんでている上、学問にも秀でて、金進士は息子たちをとても愛していた。

ある年、科挙の試験を受けた三兄弟が、そろって合格したという朗報に金進士夫婦は飛び上がって喜び、故郷に錦を飾る息子たちを迎えに出た。村の人たちはもちろんのこと、江華の留守《ユス》（朝鮮時代に首都以外の地域を治めていた正二品の特殊な官職）までいっしょに出迎えて祝ってくれる中、三弦六角（三弦と鼓・太鼓・胡弓・笛・それに一対のチャルメラ）の演奏が響く中、三兄弟が馬に乗って村の入り口に到着した。その瞬間、金進士夫婦の喜びは絶頂に達した。

「よくやった、立派だ。息子たち……！」

感激の余り言葉が出ない金進士夫婦を眺めながら馬上の三兄弟は言葉をかけた。

「父上、母上、うれしゅうございましょう？」

「もちろん、言うまでもないこと。この世でこれ以上うれしいことがどこにあろうか？」

金進士が喜びの言葉を言い終らない内に三兄弟は次々と馬から落ちたかと思うと、そのまま事切れてしまった。あっという間の惨事だった。一瞬に息子を三人共、それも余りの感激の瞬間にすべて失うという残酷な現実をどのように受け入れろというのか！　金進士夫婦は江華留守の服の裾にしがみつき泣き喚いた。

「何と言うこと、こういうことがあっていいのでしょうか。いくら情け容赦がないという閻魔王だといえ、どうしてこのようなひどいことをなさるというのですか？　留守様がこの憐れな親の怨みを晴らしてください！」

金進士の嘆きもさることながら、どうすればよいかと思い悩んだのは江華留守だった。村の長として村に住んでいる住民の訴えを知らない振りをするわけにもいかず、かといってこれといった妙策もなかった。前にも進めず後ろにも引けない瞬間、江華留守は自分の口元だけを見つめている数多くの視線を意識してひげを撫でた。

「お前たちが悲しむのも無理のない話だ。人間の生死は人の力ではどうにもならないこととはいえ、これは閻魔王の横暴というしかない。私に妙案があるのでしばらく我慢して待っていなさい」

もっともらしく言葉を濁して慌しくその場から去っていった江華留守は、その日から悩み始めた。「偉そうな口を利いたものの、どのようにして閻魔王を呼び出すことができるというのか。果たしてどのような方法で……？」彼は江華島で一番有名な巫女を呼んで密かにどうすれば良いかと解決策を尋ねた。

「お米を七回揉んで、七回洗って心を込めてご飯を炊き、お膳を三つ用意して、今日、日が暮れる頃に峠を越えて土手の横に置いておきなさい。そして夜の一二時が過ぎるとそこに使い走りの人を行かせなさい」

江華留守は巫女の指示通り準備した後、夜の一二時が過ぎた頃、敏捷で度胸のある武官を呼び、手紙を持たせた上で次のように言い聞かせた。

「峠を越えた土手に行くと、三人の老人が食事をしているから、この手紙を見せてここへ案内するようにしろ」

武官が土手に行って見ると、案の定、三人の老人が食事をしていた。招かざる客の登場に慌てた様子を見せた老人たちに、武官は急いで江華留守の手紙を差し出した。

「ふん、江華留守の分際で私たちに指図をするとは……」

手紙を読んで黒いひげの老人が興奮し始めると、上品な白いひげを生やしている老人がなだめた。

「閻魔王とはいえ、私たちが江華に来たのだから、江華留守の命に従うのが道理でしょう」

このようにして閻魔王と江華留守の面談が始まった。江華留守が襟を正して質問を投げかけた。

「この世には年老いて病んだ人も多いのに、どうして選りにも選って三人の若者を一度に連れて行き、年老いた親の胸を痛くされるのですか?」

「人の生死はすべて我々閻魔王の所管である。しかし、如何に閻魔王とはいえ寿命のある人を勝手に連れて行くわけはない。今度死んだ三人の若者は自分たちの寿命が終わって連れて行ったのだ。実は彼らは前世の怨みを晴らすために生まれた若者たちなのだ」

閻魔王の説明が続いた。

金進士はもともとヤンバンでなく常民で、若い時、漢陽のサㇺゲ渡しの近くで商人相手の宿を営んでいた。ある日、真鍮の器を商う三兄弟が金進士の宿に泊まることになったが、彼らの荷物の中に金塊があることを金進士夫婦は知った。金塊に目が眩んだ金進士夫婦は三兄弟を毒殺した後、密かに埋葬して江華島に渡りタンサンリに住み着いた。そして盗んだ金塊を元手にして朝鮮ニンジンの商売を始めて大金持ちになったのだ。そして財運と共に子供運にも恵まれた。子孫に恵まれない家門だったにもかかわらず、息子が三人も年子で生まれたので金進士の喜びは天にも達するかと思われた。

ところが、とんでもないことであった。実は、真鍮の器を商う三兄弟が息子たちとして転生したのだった。息子になってこの世の楽しみをすべて味わわせておいて、その幸せが絶頂に達した瞬間に死んで親の胸に拭い去れない悲しみを抱かせるのが、三兄弟が選んだ復讐だったのだ。

閻魔王の説明を聞いて江華留守は衝撃を受け、一時魂が抜けたように座りこんでしまった。

「そのようなことがあり得ましょうか、あんなに徳が篤く、人望を集めている金進士が殺人者とは、そのようなこと……!」

「目に見えることが、すべて真実ではないものだ」

閻魔王は意味ありげな言葉を残して三人はいっしょに煙のように消え去った。

その後、江華留守は金進士夫婦を捕縛して彼らの罪状を明らかにする一方、巫女を呼んで真鍮の器商人の三兄弟の霊魂を鎮めるための慰霊祭を行った。すると、プンリ山の頂上にかつてなかった岩が三つ突き出した。世間の人たちはこの岩を真鍮の器商人三兄弟の霊魂だといって三兄弟岩と呼んだという。

3　遊離魂

忠清道鎮川《チンチョン》にチュ・チョンソㇰという常民（朝鮮朝時代の身分の一種で平民）が住んでいた。貧しい生活の中で子が次々生まれ、赤貧洗うが如き暮らしをしていた。雪交じりの激しい風が吹くある冬の夜、縄を撚っているチュ・チョンソㇰの前に冥府の使いが現れて「お前がチュ・チョンソㇰだな？　戊戌《つちのえいぬ》の年、七月七日の亥の刻の生まれであろう」と尋ねるではないか。恐れおののいたチュ・チョンソㇰがそうだと応えると「お前のこの世での寿命はもう尽きたから、あの世に行こう」と急き立てた。残して行く幼い子供のことを思い、どうぞこの次にしてくださいと頼んでみたが、取り付く島がなかった。どうしようもなく住み慣れた家を後にしてあの世に行かなければならないチュ・チョンソㇰの足は重いばかりであった。

黄泉の河を過ぎて一二の地獄を通り越し冥府に到着したチュ・チョンソㇰが閻魔大王の前に立つと、閻魔大王は命簿《ミョンブ》（人間の寿命が記されている名簿）をひろげて見ながら、もう一度尋ねた。

「お前が龍仁《ヨンイン》に住んでいるチュ・チョンソㇰなのか？」

「いいえ、わたしめは鎮川に住んでいるのですが」

チュ・チョンソㇰの返事に閻魔大王はそんなはずがないという風に命簿をもう一度見直した。

「何ということだ。戊戌の年、七月七日の亥の刻に生まれたチュ・チョンソㇰが二人いるとは！」

狼狽した表情で舌打ちをしながら閻魔大王は冥府の使いに鎮川に住んでいるチュ・チョンソクを送り返し、龍仁に住んでいるチュ・チョンソクを連れて来いと命令した。

こういうわけでチュ・チョンソクは妻子が待っている恋しいふるさと鎮川に帰ってきた。ところが、すでに葬儀を終えていて、魂が入っていく肉体が無くなってしまっていた。自分が埋められている墓の周りを徘徊していたチュ・チョンソクの魂は龍仁に住んでいるというチュ・チョンソクのことに思いが至った。冥府の使いが、今彼を連れ去っていったのならまだ葬式を終えていないはずだ。そう思いつくとチュ・チョンソクの魂は急いで龍仁に飛んでいった。

龍仁のチュヤンバンの家は豪壮な邸宅であった。すでに彼は死んだらしくあちこちに忌中の提灯が吊るされていて、チュ・チョンソクの死を悲しんで哭く声が聞こえていた。チュ・チョンソクの魂は、泣き悲しむ声が漏れてくる部屋の中に風のように忍び込んだ。部屋の中ではチュ・チョンソクの死体を前にして夫人と息子が泣いていた。チュ・チョンソクの魂はためらうことなく死体の中に入っていった。

チュ・チョンソクは龍仁のチュ・チョンソクの肉体を借りてこの世に帰ってきたのだ。死んだ人が生き返ったといって邸宅では宴が設けられ、祝賀の客で賑わった。しかし、チュ・チョンソクは辛いだけだった。夫人と息子をそばに呼んで「私は鎮川にすむ常民チュ・チョンソクだ。自分の家に帰らせて欲しい」と頼んでも、精神に異常をきたした人の扱いをするだけだった。ヤンバンの身分も嫌だし、豊かな生活も嫌だった。雪の降る厳しい冬を震えながらお腹を空かして暮らしている鎮川の妻子への思いだけでいっぱいだった。何度も脱出を試みたが、鎮川に到着する前に捕まってしまった。

チュ・チョンソクは官庁に出向き、冥府の使いが間違って自分を冥府に連れて行った経緯を説明して、判決をしてもらいたいと願い出た。

「人は肉体に従わなければならないのでしょうか？　魂に従わなければならないのでしょうか？　いったい、私はどの土地のチュ・チョンソクなのでしょうか？」

チュ・チョンソクの訴えを聞いた村の役人は両家の家族たちを呼んで証言を聞いた。鎮川から来たチュ・チョンソクの妻は「話を聞いたところでは私の夫であるに違いないようです」と言い、龍仁のチュ・チョンソクの夫人は「主人は一度死んで生き返った後からは精神に異常をきたしただけで、私の夫に違いありません」と証言した。はたと困った村の役人はチュ・チョンソクに尋ねた。

「お前の話が事実なら、証人を立てることができるか？」

「閻魔大王を呼び出すことができるわけでないし、冥府の使いを呼ぶこともできず、どのように証人を立てろというのですか？」

チュ・チョンソクが不服を言い立てると、村の役人は一同を見回しながら「お前の魂が入れ代わったということを立証する何の証拠も無いので、本官はお前を龍仁のチュ・チョンソクと認定する！」と宣言した後、この頭の痛い訴訟から解放されたいとでも言うかのように急いで席を立った。チュ・チョンソクは退庁しようとしている副使（地方官）の前を遮り、金持ちも嫌だし、ヤンバンも願わないので鎮川の家族といっしょに暮らせるようにしてくださいと、もう一度訴えたがどうにもならないことであった。

歳月が流れた。ボタン雪が降りしきる冬の夜、チュ・チョンソクは昔からの慣わしで縄を撚っていた。もうヤンバンとしての慣習もある程度身についたが、この縄を撚る慣わしは変わらなかった。疲れたかのように撚っていた手を止めて伸びをしていたチュ・チョンソクはふと暗闇の中で自分を凝視している視線を感じた。冥府の使いだった。

「やっと来たんですね。待っていましたよ」

チュ・チョンソㇰの言葉に冥府の使いはにんまりと笑った。

「やあ、ヤンバン暮らしはどうだった?」

「身は楽でも、心はとても重かった。さあ、行きましょう」

チュ・チョンソㇰは何のためらいもなく冥府の使いの後に従った。行く途中、彼の魂は冥府の使いの許しを得てしばらく鎮川の元の家族を訪ねた。チュ・チョンソㇰの妻はすでに亡くなっていて、その家には長男のイㇽヨンが暮らしていた。あばら家は荒れに荒れていて、暮らしぶりはもっと貧しくなっているようだったが、部屋の中では家族が楽しく団欒していて、笑い声が聞こえていた。部屋の外で聞き耳を立てていたチュ・チョンソㇰの顔にもいつの間にか微笑が浮かんだ。

「さあ、もういいだろう」

冥府の使いに促されたチュ・チョンソㇰの魂は、何の未練もなくこの世を去って軽やかにあの世へと向かった。

その後から世間の人たちは「生きては鎮川、死んでは龍仁」と言いはやすようになったという。

4　前世の願い

新任の監司《カムサ》（観察使、朝鮮時代の正二品の位で、各道の長官）が通り過ぎるのを知らせる楽の音がひときわ高く鳴り響く中を行列は碑石通りを通過していた。平壌監司として赴任してから初めての管内巡察に出かけたユ・シㇺは馬上で胸をときめかせながら沿道に並んでいる農民と周辺の風景を眺めていた。初めて通る道なのでずらっと並んでいる碑石や老木がとても珍しく思われた。行列が大通りを抜けて小道に差し掛かった時、ユ・シㇺの口から思わずあっと嘆声が漏れ出た。あちこちに不揃いに並んでいる藁葺き屋根や道端の大きな木々の上にあるカササギの巣、そして丘の上に立っている古びた書堂《ソダン》（庶民の子弟に漢文を教えた私塾。日本の寺子屋のようなもの）……それらはユ・シㇺの記憶にまざまざと刻み込まれている風景だった。

「不思議だ、実に不思議だ……」

官庁に戻ってきたユ・シㇺはその日見た風景が目の前にちらちらして夜の一二時を過ぎても寝付くことができなかった。一〇月一五日、その日はユ・シㇺの誕生日でもあった。ユ・シㇺは幼い頃から誕生日の夜はいつもどこかに行って法事の食事をしてくる夢を見た。果てしなく夢の中を彷徨っていくと古びた藁葺きの家が現れ、ユ・シㇺが部屋の中に入っていって準備されている法事の食事を食べると、一人の老婆が法事の祭壇の前で心を込めて祈っている様子が見えたりもした。

「そうだ！」

ユ・シㇺははたと膝を打った。昼見た風景は彼が夢の中で見た通りの様子と関係があると気づいたユ・シㇺは大急ぎで外に飛び出していった。

「あなた、こんな夜更けにどこへ行かれるのですか？」

夫人が声をかけた時、すでに彼は門の外に去った後だった。

ユ・シㇺは昼間見た碑石通りを横切って藁葺きの家が並んでいる小道に沿って歩いた。道端の大きな木々の下を通り過ぎて夢で見た道に従って歩いていくと、古びた藁葺きの家の前に出た。部屋の中では低くすすり泣く声が聞こえてきた。

「ごめんください」

ユ・シㇺが家の前で挨拶をすると、部屋の戸が開いて老婆が顔を突き出した。まさしく夢の中で見た老婆だった。

「通りすがりの旅人ですが、一晩泊めていただけないでしょうか？」

「部屋が余りにもみすぼらしくて……」

老婆は心配しながら部屋の中に案内してくれた。部屋の中にしつらえられている法事の祭壇を見て、ユ・シㇺは驚きを隠せなかった。

「見たところ法事の日のようですが……」

ユ・シㇺが話しかけると、老婆は幼い年で亡くなった息子の法事だといいながらため息をついた。

老婆は若くして夫を亡くし、幼い息子タㇽイといっしょに暮らしていた。知的な好奇心が人一倍強いタㇽイは書堂の周辺で遊ぶのが好きで、ヤンバン家の子弟たちが勉強しているのを肩越しに見ただけで千字文を覚えてしまうくらい聡明な子供だった。

ある日、平壌監司の赴任行列を見た後、タㇽイは大人になると平壌監司になって親孝行すると口癖のように話したという。その日からタㇽイはヤンバン家の子弟たちが勉強している書堂の窓の外で跪いて座り、雪が降ろうと雨が降ろうと一日も抜けることなく見よう見まねで勉強した。石ころで地面に字を書き、使い古した煤の粉をつけて手のひらに字を書いたりした。

ある日、書堂の先生がタㇽイを部屋の中に呼びいれ、書堂の弟子たちと学力を競わせた。驚いたことにタㇽイの実力は書堂で学ぶヤンバンの子弟たちよりはるかに優れていた。感心した書堂の先生がタㇽイが正式に書堂で勉強できるように配慮してくれたが、屈辱を受けた書堂の弟子たちの憤りは一通りではなかった。そして書堂の路地でタㇽイを待ち伏せして叩きのめしながら、卑しい常民が勉強して何になると嘲り笑った。タㇽイはやっと分った。常民はどんなに勉強しても官職に就くことができない上に、平壌監司にもなれないという事実を……。

そんなことがあった日からタㇽイは病気がちになっていたが、とうとう寝込んでしまった。母親の涙ぐましい看病も傷ついたタㇽイの心を癒すことができなかった。どんな薬も効き目がなかった。タㇽイはそうして亡くなってしまったのである。冷たくなった息子の死体を抱きしめて母親は、慟哭しながら、どうぞ息子をヤンバン家の子供に生まれ変わるようにしてくださいと祈った。

「その日の夜、夢に息子のタㇽイが現れて、『お母さんの願いどおり漢陽のユ氏家に生まれることになりました』と言いながら明るく笑ったのです」

老婆は息が詰まったのか、口を閉ざして涙を拭いた。ユ氏は息も止まる思いだった。

「漢陽のユ氏家と言いましたか？」

「はい、それが本当ならその子は今は三〇歳になっているでしょうに……」

その言葉を聞くやいなや、ユ・シㇺは老婆の前にうつぶせてすすり泣いた。「母上……！」

「えっ、何とおっしゃいましたか？　母上とは……」

老婆はいぶかしげにユ・シㇺを眺めた。

「母上の息子タㇽイはまさに私です。物心がついてから誕生日の夜は見慣れないところに行って法事の食事を食べる夢を見ました。今日やっと夢で見た道を辿ってこのように母上を訪ねてまいりました。母上、平壌監司の挨拶を受けてください」

ユ・シㇺが深く頭を下げて礼をすると老母は感激の涙を流しながら息子の手をしっかりと握った。

三〇年ぶりに前世の母親と邂逅したユ・シㇺは、その後孝行を尽くし老母に仕えた。ユ・シㇺは平壌監司になって親孝行をすると言っていた前世の約束を後世になって実践したわけである。

5 前世の因縁

智異山《チリ》にある華厳寺の僧が全部集まった。丈六殿《チャンユク》の改築を目前にして資金を集める担当の僧に誰を選ぶかについて熱のこもった討論を繰り広げていた。資金を集める僧は仏事のために布施を受けることが任務であるので、華厳寺の数百人にも及ぶ僧の中で最も仏心の篤い僧を選ぶことで意見が一致した。最高位にいる僧正は丈六殿の改築のために資金を集める重責を担う僧は仏様が選んでくださるであろうといった。そして壷の中に小麦粉と飴をいっぱい入れた後、目の前に座っている僧たちを見渡しながら次のように話した。

「この壷の中に手を入れて小麦粉を手につけないで飴を取り出した僧が、資金集めの重責を担う僧となるであろう」

僧正をはじめとして華厳寺のほとんどの僧たちが壷の中に手を入れて試みたが、どうしたわけかすべて失敗した。

華厳寺にメウォルという寺男がいた。智恵遅れで、薄バカ坊主と笑い者になっていたが、心根が優しく寺の雑用はすべて一人で仕切っていた。メウォルが夕食の用意をしていると、聾唖のチョムバギが現れた。昨年の冬、メウォルが村に使い走りに行った時、お腹を空かして震えているチョムバギを見つけて寺に連れて帰りおこげを食べさせたのだが、その後からは食事時になると決まって訪ねてくる常客になってしまった。

かまどの前で首を長くしてご飯が炊き上がるのを待っているチョムバギを見て、メウォルはふと壷の中に入っている飴のことを思い出した。メウォルは大雄殿（本堂）に走っていった。可哀そうなチョムバギに少しでも早く飴をあげたい一心で僧たちが見ていることにも気がつかず、壷の中にさっと手を入れた。メウォルが壷の中から飴を取り出した瞬間、周りから驚きの声があがった。彼の手には少しも小麦粉がついていなかったのである。驚いた僧正がもう一度飴を取り出してみなさいといったが、今度も同じく小麦粉が手についていなかった。僧正はやっと資金集めを担当する僧を選んだといってメウォルに深々と頭を下げて拝礼した。

薄バカのメウォルが選ばれたという知らせを聞いてすべての僧たちが憤慨して失笑したが、僧正はそれが仏のみ旨だと固く信じた。メウォルは仏像の前にうつぶせて、どうぞ資金集めの僧を辞めさせてください、寺男を続けてできるようにしてください祈った。すると、仏様からの啓示が聞こえてきた。

「夜が明けると村里に下りていって、最初に会う人にお布施をお願いしなさい」

夜が明けるや否やメウォルは境内から抜け出し、渓谷沿いに下りていった。もう少しで村に入ろうとした時、下の方から人の気配がした。

「仏様がお話になったお布施をしてくれる人は誰だろう?」

メウォルは固唾を呑んで待っていた。夜明けの明かりの中で姿を現したのは意外にも聾唖のチョムバギだった。メウォルを見つけるとチョムバギはうれしそうに奇声を上げながら走り寄ってきた。メウォルは合掌をした。

「丈六殿を改築できるようお布施をしてください」

チョムバギは面食らってしまった。いったいどういうことなのかと身振り手まねで必死になって聞いてみたが、メウォㇽはお布施をしてくれという言葉を繰り返すだけだった。チョㇺバギはとうとう泣き出しそうな表情になった。

「私は仏様にお布施するものが何もありません」

チョㇺバギは激しくかぶりを振ったが、メウォㇽは続けて合掌するだけだった。

「この出来損ないは命しかお布施するものがありません。私の命をお布施致します」

心の中で叫んだチョㇺバギは絶壁から身を投げて命を落としてしまった。

それから八年という歳月が流れた。

当時、清国の皇室ではたった一人しかいない皇太子が八歳になっても口が利けず、一方ならぬ心配の種だった。全国の名医はもちろんのこと、効能があるという巫女や術を駆使する者まで総動員して手を尽くしたが、皇太子の口を利けるようにすることはできなかった。そんなある日、昼寝をしていた皇太子が、「メウォㇽ和尚様！」と声を上げてパッと起き出したかと思うと口を利きだした。夢でメウォㇽ和尚様に会ったといいながら、自分を王城の外に連れ出してくれというのである。皇帝は皇太子の夢に出てくる道を辿りながら王城の外にある森の中に行ってみた。そこにはみすぼらしい姿の異国の僧が岩にもたれて寝ていた。

「メウォㇽ和尚様！」

皇太子は僧に走りよって感激の涙を流した。何のことなのか分らないというふうにぼんやりとした目で一行を眺めているメウォㇽに、皇太子は自分の頬にあるほくろを指差しながら叫んだ。

「和尚様、聾唖のチョㇺバギを覚えていませんか？」

「チョ、チョㇺバギだって？」

僧の目に狂気が走った。

「彼は死んだ。私が殺したのだ。私は罪人だ！」

岩に頭をぶつけながら泣き叫ぶ僧を抱きしめて皇太子も泣き叫んだ。

「和尚様、ご自身をお咎めにならないでください。まさしく私がそのチョムバギです！」

皇太子の言葉に、僧はまるで夢でも見ているかのように皇太子の頬にあるほくろを眺めた。

チョムバギが自決した後、罪の意識に悩み続けたメウォルはさすらいの僧になり、各地を渡り歩いてこの燕京にまで流れてきたのであった。ところが、意外にも清国の皇太子に生まれ変わったチョムバギと邂逅することになったのである。すべてが仏様の御旨《みむね》であると悟った清国の皇帝はメウォルを厚くもてなし、丈六殿の改築に使うよう多くの財物を布施した。

元来、丈六仏像を安置しているので丈六殿と呼ばれていた仏堂は、その後、中国の皇帝を悟らせたといい、覚皇殿と呼びなおすようになったという。覚皇殿は文禄・慶長の役の戦災で焼失したが、後日、再建されて今もその威容を誇っている。

6　犬に生まれ変わった母

一人の老婆が死んで冥土に来た。年は五〇を過ぎたばかりなのに、生きて大変な苦労をしたのか、皺だらけでげっそりやつれ、骨だけ残った憐れな姿をしていた。閻魔大王は可哀そうに思い、老婆に尋ねた。

「現世では何を楽しみに暮らしていたのか?」

「子供を育てるのが楽しみでしたよ」

老婆の言葉に閻魔大王は冥府の鏡に老婆を映してみた。彼女は若くして夫を亡くし、独り身で息子と娘を養うために、手間仕事、針仕事、畑仕事など、何でも手当たり次第に働き続けた。そして一生を腰が曲がるほど働き続けていて病に罹り、息を引き取るという惨めな一生だった。そんな姿を見て閻魔大王は老婆を憐れに思った。

「一生を子供たちのためにそんなに苦労をして辛いとは思わなかったのか?」

「辛いだなんて、とんでもない。子供たちは私の一生で唯一の希望で生き甲斐だったんですよ」

「子供たちのそばに行きたいのか?」

「子供たちのそばで暮らせるなら、犬になることさえ厭いません!」

老婆の目は涙でいっぱいだった。閻魔大王は呆れたといわんばかりに老婆を眺め、しばらくして口を開いた。

「お前の気持ちがそうであるなら、思い通りにしてあげよう」

老婆は深々とお辞儀をした。

同じ時刻に慶尚北道月城に住んでいるソン氏の家の雌犬が子犬を産んだ。雌犬の膨らんだお腹を見てたくさんの子犬を産むだろうと期待していたソン氏夫婦はたった一匹の子犬しか産まれなかったので、とても残念がった。乳離れをするや否や売り飛ばしてしまおうと市に出したが、余りにも醜い犬だったので買い手がつかなかった。醜犬という名前をつけられたその犬は周りの人たちの足蹴にされながら厄介者扱いを受けて育った。ところが、主人に対する忠誠心は格別で、実に驚くほどだった。ソン氏が行くところにはどこにでもついて行き、寝る時にはソン氏の草鞋を抱いて寝るほどだった。

醜犬が大きくなると見た目とは違ってとても賢い犬であることが分ってきた。草刈をしていて毒蛇に噛まれそうになったソン氏を助けたのも醜犬であったし、家が火事になりかけた時、未然に防いだのも、醜犬だった。醜犬も次第に主人の信頼を得るようになり、丸々と肥りそれなりに良犬らしくなり始めた。

ある蒸し暑い夏の日、一日中畑で草刈をして玉のような汗を流してきたソン氏の妻は、板の間で大の字になって昼寝をしている夫と、踏み石の横で夫の草鞋に鼻をのせて寝ている醜犬を見るとむらむらと怒りがこみ上げ、火かき棒を振り回した。

「キャン!」

驚いて体を丸めて泣く犬の悲鳴に目を覚ましたソン氏が、「可哀そうな犬をどうして叩くのか」とたしなめると、妻はもっと腹を立てた。

「そんなに好きなら、犬といっしょに暮らせば!」

妻は、ふいと踵を返して部屋に入って鍵を閉めてしまった。

その日の夜、仲直りをして寝床に入ったソン氏夫婦の部屋からは夜遅くまで仲睦まじい話し声が聞こえていた。

「あなた、そんなに犬が可愛いの？」

「可哀想じゃないか……」

「あなた、占い師が言ってたけど、犬が子供ができないようにしているんだって」

「私たち夫婦に子供ができないのは醜犬のせいだというのか？」

「そうだって、明日はちょうど伏日（盛夏三伏の日）だし、思い切って犬汁にしましょう（韓国の一部の地方では盛夏三伏の日に暑さを克ちぬくために栄養を摂るといって犬の肉を食べる習慣がある）」

「……」

そんな話が行き交ったあくる日、醜犬はその姿を隠した。八方手を尽くして探したが、見つからなかった。賢い醜犬が殺されることが分って先に逃げ出したのに違いなかった。ソン氏はあれほど自分になついていた醜犬を殺そうとしていたことに罪悪感を感じて気が重かった。その頃、醜犬は峠を越えて三〇里余り離れているソン氏の妹の家に現れて悲しそうに泣いていた。彼女はその犬が兄の犬であることを知って、食べ物をあげたが、醜犬は何も食べずに床の下に入ってくんくん泣いてばかりいた。

一方犬を探し回って疲れたソン氏はしばらく板の間でうたた寝をしていて夢を見た。夢の中で亡くなった父親が現れて杖でソン氏をめったやたらに殴りながら大声で怒鳴りつけた。

「お前のような親不孝ものはこの世に二人といないだろう。自分の母親を殺して食べようとは！」

「お父さん、何とおっしゃったのですか？」

「こいつめ、その犬がお前たちを養うために働き続けて背中が曲がり、骨と皮だけになった母親の生まれ変わりであることがどうして分らないのか?」

夢から覚めたソン氏は、はっと我に返った。醜犬がひときわ自分に愛情を示したこと、自分を危険から救ってくれたことや火災を未然に防いでくれたことなどが、初めて理解できた。醜犬が母親の現身ならば間違いなく娘を訪ねて、峠を越えた妹の家に行ったに違いないと考えたソン氏は大急ぎで妹の家に走っていった。

「兄さんが私の家に来るなんて、いったいどういうこと?」

日頃、仲がよくなかった妹が皮肉ってもソン氏は気にもせず犬を探した。

「うちの犬、醜犬……、いや、お母さん、どこにいらっしゃるのか?」

妹は何がなんだか分らないといった表情で床の下を指差した。ソン氏は醜犬に向かってべったりとうつ伏せて礼をしながら泣いて訴えた。

「お母さんとも知らず、死んでも償えない罪を犯しました。お許しください」

すると床の下から醜犬がはいずるように出てきてソン氏の顔をなめ、ぽろぽろと涙を流した。

その後、ソン氏は母の生前にできなかった孝行をするといって、母親に仕えるかのように醜犬を慈しんだ。世間の人たちが気が狂ったといって指を差して笑っても気にもしなかった。醜犬が老いて体力が衰えていくと、ソン氏は犬を背負って全国遊覧に出かけた。遊覧を終えた帰途、醜犬はソン氏の懐に抱かれて眠るがごとく安らかに息を引き取った。ソン氏は醜犬の死を悲しみ、その場に墓を作って碑石まで立て手厚く葬った。

母親の死後、ソン氏の家は日ごとに栄えて大金持ちになった。世間の人たちは醜犬の墓を「ソン長者の母の墓」と呼びながら、尊敬の気持ちを表したという。

解題

I　変身譚

1　蛇の新郎

蛇郎古事（蛇の新郎）は韓国、中国、日本をはじめとして世界各国に広く分布している説話類型に属する。国ごとに、地域ごとに差はあるが蛇が人間に変身して処女と寝床を共にするとか結婚するという内容が本筋であるところが類似している。「わーいわーい、地下の国の王子、申ソンビ」は韓国に伝えられてきた蛇郎古事の話の中で最も優れた叙事構造を備えていて、神秘と幻想、恐怖と喜悦が交叉する興味深い内容で編まれている。

この話は蛇の新郎の誕生、結婚、離別、再会という構図で構成されているが、蛇がジンジュと結婚して離別するまでの過程は、ディズニーの漫画映画で有名な『美女と野獣』の話の構造と酷似していて、夫を探しにいくジンジュがありとあらゆる難関を克服して蛇の新郎と再会できるようになる後半部はギリシャ神話『エロスとピシュケの愛の話』を連想させる。

古代から蛇には「呪詛と畏敬」という二つのイメージが刻み込まれてきた。エデンの時代の蛇が呪詛の象徴であるとすれば、ピラミッド時代の蛇は畏敬の象徴だといえよう。韓国の人たちも道を歩いていて蛇に出くわすと「縁起でもない」とつばを吐きかけるが、家に入ってきた蛇は富と福をもたらす「業」といって大切に取り扱った。人々は蛇に対してこのように相反する情緒を持ったのは蛇の不気味な外見からであろう。二つに分かれた舌、鋭い歯とその猛毒性、そして陰湿な場所を好む習性などがいっしょになって、恐怖、神秘、呪詛などの複合的なイメージを作り上げているところに起因しているのではなかろうか。

世界各国で伝えられてきている蛇郎古事は、やはり蛇に対する相反するイメージがそのまま反映されている。蛇の新郎は悪徳で狡猾な性格として描写されているかと思うと、「わーいわーい、地下の国の王子、申ソンビ」のように善良で正義感の強いキャラクターとして描写している所もある。これは蛇に対する情緒が国ごとに地域ごとに差があるためだと思われる。

2　九尾狐《クミホ》の愛

　韓国の伝説には特に狐の話が多い。狐は千年を生きると尾を九つ付けた九尾狐になるといわれているが、伝説の中の九尾狐は遁甲《とんこう》と変身を自由自在に駆使して人を騙し、肝を取り出して食べる邪悪な獣として描写されている。それにもかかわらず九尾狐という存在は韓国人の情緒の中で大変魅惑的な存在として刻まれている。

　九尾狐は人間になることを渇望しているのだが、そのためには人間の生肝を一〇〇個食べるか、汚れのない童貞の男子の精気を吸い込まないといけないといわれている。狡猾な行動の比喩として使われる「背中を撫でさすり、肝を取り出して食う（見かけはいたわる振りをして、実際は害を与える）」という諺は前者と関係があるように思われるが、美女に変身した九尾狐が童貞の男子を騙して口付けをして口の中に玉を入れ合いながら精気を吸い取るという伝説は後者に属する。

　しかし、伝説に見られるように九尾狐の念願は最後まで叶えられない。愛のためである。九尾狐は人間の精気を吸い取るために童貞の男子を誘惑するが、結局はその相手を愛してしまう。九尾狐の愛は人間の世俗的な愛と次元が違う。九尾狐は愛する人のためにすべてを捧げる美しくも崇高な愛の姿を見せてくれる。九尾狐は悪の化身ではなく愛の化身なのである。伝説の中の九尾狐が現代人を魅了する要因はまさしくそこにある。

3　美女と怪獣

　この話は韓国の代表的な洞窟説話の中の一つだ。ソリンが丞相家の一人娘救出の使命を受けて勇躍壮途につく。大きい耳、力持ち、鷲などの助っ人に出会い、試練と困難に打ち克った結果、丞相家の一人娘を救出するという話の構造は神話の中での英雄たちの誕生過程と脈を同じくしている。ソリンはギリシャ神話に登場するペルセウスやヘラクレスなどとよく似た過程を経て英雄としての正体を確保する。使命を完遂するためにペルセウスがメデューサの頭を切り、ヘラクレスが怪物ヒュドラを殺したように、ソリンは丞相家の一人娘を救出するためには怪獣の首を切り取らねばならなかった。全身がうろこで包まれていて、いくら首を切っても元のところに戻ってしまう不死の頭を持った怪獣を始末することは到底不可能なことに思えた。ところが怪獣には弱点があった。首を切った部分に灰をまくと、怪獣はそれ以上耐えることができなくて最後を迎える。これはヘラクレスが九つの頭があるヒュドラを始末する場面と非常に類似している。ヒュドラもやはり頭の一つが最後まで死なない不死の頭で、残りの一つもそれを切ると二つになるという弱みが全然ないと思われる怪物だった。しかし、ヘラクレスはヒュドラの頭を火で焼いて再び現れることができないようにして怪物を始末することができた。使命完遂する最終手段としてソリンは灰を使い、ヘラクレスは火を使ったのである。ペルセウスも不滅の怪獣メデューサの頭を切るために魔法の兜と青銅の鏡を使った。

神話の主人公たちが使命完遂する過程には想像を超えた危険と障害が目の前に横たわっている。どんなに不屈の精神を持った闘士といえども一人の力ではそのような危険や障害を解決することはできない。彼らが真の英雄になるためには助力者の助けが必要である。ペルセウスはアテネの女神の助けでメデューサの首を切り取ることができたし、ヘラクレスはイオラオスの助けでヒュドラを殺すことができた、丞相家の一人娘を救出するために壮途についたソリンは力持ち、大きい耳、鷲、洗濯している女などの助力者と次々に出会って怪獣の本拠地に着いたし、丞相家の一人娘の助けを得て怪獣の首を切る。しかし、主人公の危機はそこで終わらないで次のように続いていく。

1．いくら首を切ってもまたもとの位置に戻る怪獣の頭――かまどの灰をまいて危機打開
2．力持ちと大きい耳の裏切り――鷲の登場で危機打開
3．力尽きてそれ以上飛べない鷲――太ももの肉を食べさせ危機打開

このような過程を経てソリンはやっと使命を完遂する。最後の一瞬まで予測することができない障害物を設定して主人公を窮地に追い込み、反転を繰り返している話の構成が現代の追跡ドラマ（Chase Drama）を凌駕している。

4　虫女

ソウル南山の飲めば薬になるという水がわき出る泉にミミズク岩と呼ばれている平べったい岩があるが、そこがムカデ女人の屋敷跡といい、ムカデ女人が天に昇っていった後、ナムテリョン峠に雷に打たれて死んだ大蛇が見つかったが、その長さが二〇尺以上もあったといわれている。

ムカデは醜い姿と猛毒性のため人間には恐怖と忌避の対象になっていて、韓国の民話や民譚の中では主に悪役として描かれている存在だ。

「一人の処女が洞窟の中で暮らす巨大なムカデに生贄として捧げられたが、処女が育てていたがまがえるが飛び出してムカデと死闘を繰り広げて彼女を救ってあげる」

「三代続いた一人息子が死にかけていたが、一人の老人が現れて子供にタバコの脂を食べさせムカデの毒性を取り除き病気を治してあげる」

このような話の中でムカデは必ず悪役を果たしている。

虫女の伝説はいつも悪役だったムカデを神秘性に包まれたファンタジーの中の女主人公として入れ替え、甘いメロドラマ的な筋書きの中にうまく混ぜ込んだ手法がとても素晴らしい。現在、シナリオ作家がこんな話を構成したとしたら何よりも慣習を取り壊した新鮮な発想に対しての賞賛を惜しまないと思われる。昔も今も良いアイデアを持った妙策は「逆さまに考える」ところにあるようだ。

5　石仏の微笑

慶尚北道安東地方に伝えられてきたこの伝説は、当時、庶民に根深くいきわたっていた弥勒信仰の一端を窺うことができる。仏教によると弥勒は釈迦から未来に成仏するであろうという標《しる》しを受けた後、天に昇り兜率天で天人たちのために説法をしていて、現世仏である釈迦牟尼が済度できずにいる衆生を余すことなく救済するために未来に来る仏といっている。

韓国の隅々の村々には弥勒と呼ばれている石仏がないところがないというくらい弥勒仏は下層の民衆から絶対的に支持され愛され、信仰の対象となっていた。支配勢力からの抑圧と搾取を受けながら辛く苦しい生活を強いられていた庶民たちは、弥勒仏が遠い未来より現世に出現してこの娑婆世界を極楽土に変えて、少しでも早く苦痛を受けている自分たちを助けてくれることを願った。韓国版のメシアを渇望するこのような民衆的な念願が弥勒信仰を信奉する原動力になったのである。

咸鏡道地方に伝承されている叙事巫歌「創生歌」にはこの世を創り人間を誕生させた創造主がまさに弥勒仏であると描写している。

昔、この世が生じる時、空と陸はお互いにくっついていて太陽も二つ、月も二つだった。弥勒は空と陸を一つずつ離して、北斗七星と南斗七星をはじめとした大小の星を創った。弥勒はこの世に人間がいなくてはならないと考えて両手に金の盆と銀の盆を一つずつ持って天を仰いで祝詞を捧げた。すると金の盆には金の虫が五匹、銀の盆には銀の虫が五匹落ちてきた。その虫がすくすくと大きくなってあっという間に男と女に変わった。この五対の男女が結婚して子孫を増やしていき、この世の中に人間が増えて暮らしていくことになった。また弥勒は人間に麻を織って服を作る方法を教え、水と火の根本を明らかにして人間が楽に暮らせるようにしてくれた。

弥勒の治世には人間は真に平穏で暮らし易い良き時代を過ごした。ところが、邪悪な釈迦が現れて、もう私の治世となったからこの世を私に明け渡しなさいと弥勒を脅し始めた。弥勒は釈迦の挑戦を受けて賭けをし、誰がこの世の本当の主人であるかはっきりさせようと言った。しかし、釈迦は弥勒の相手ではなかった。二回にわたる試合で二回とも負けた釈迦は正常な方法では到底弥勒に勝てないと悟り、次のような提案をした。

「牡丹の花を植えてその前に弥勒様と私が横になって寝ていて、花が咲いて私の膝の上に上ってきたらこの釈迦の世界で、弥勒様の膝の上に上ってきたら弥勒様の世界です」

そしてまた、賭けは始まった。二人は足元に花を植えて待っていると夜になった。弥勒は安らかな眠りにつき、釈迦は寝た振りをしていた。やっと牡丹の花が咲いたかと思うと弥勒の膝の上に上り始めた。釈迦は急いで花を手折って自分の膝の前にさしておいた。

眠りからさめた弥勒は釈迦の悪だくらみを見抜いたが、彼と争うのが嫌で釈迦にこの世を明け渡してしまった。こうして邪悪な釈迦がこの世を自分のものにしたために、この世は邪悪と不条理が溢れるようになった。

天地王の原理の解釈と共に宇宙と人間の根源を明らかにしているこの神話は弥勒を善良な創造主として描写し、釈迦を狡猾で邪悪な敵対者として描写している点がひときわ異彩を放っている。この話の中にはこの世で生きるということが大変で苦しいのは邪悪な釈迦がこの世を自分のものにしたためで、善良で慈悲深い弥勒がまたこの世を治める日が来るとすべての人は幸福な生活をすることができるという期待が込められている。今日の不満はすべて現世仏である釈迦のせいにして未来仏である弥勒の世の中にすべての望みをかけた庶民の涙ぐましい念願がこの神話の背景となっているのだ。

6　龍女

西洋では龍が怪物として認識されてきたのに比べて、東洋では神霊な動物として神格化されている。竜王はギリシャ神話のポセイドンのように海を支配する神で海の中にある竜宮に暮らしながら、水中に暮らすすべての魚類や動物を支配し、雨と台風を管轄する。

韓国の先祖たちは天には極楽があり、地下には地獄があるように、海の中には竜宮があって悪の勢力を懲らしめ、力の弱い貧しい人たちの守護神になってくれるという希望と信仰を固く信じている。即ち、竜宮は世知辛い現実の中で苦しい人生を生きなければならなかった民衆が描いた夢の楽園であり、現実逃避でもあったのである。

韓国の古典文学の一つ『沈清伝』はすべての悪が浄化されて善行が補償を受け、死んだ霊魂さえも復活の喜びを味わうことができるユートピアがまさしく韓国人の心の中に描かれてきた竜宮のイメージであることを見せてくれる。『ビョルジュブ伝』に描写されている竜宮の様子はこれとは非常に対照的だ。病弱で無気力な竜王と、見聞が狭く愚かな上に人の話をたやすく信じて、ちょっとしたうそにも直ぐ引っかかってしまうビョルジュブ、世間知らずの上に井の中の蛙のように偉そうに威張る竜宮の大臣たち……。『ビョルジュブ伝』の作家はそんな竜宮と竜宮のキャラクターたちを使って、無気力で無能な民衆の苦痛を知らないまま、空理、空論を話すことを生活にしている当時の王室や権力層を批判したかったのではないかと思う。

咸鏡北道鉄山郡に伝えられているこの伝説は権力層の支配構造の中で息を殺して生きていかなければならなかった下級階級の民衆が、竜宮という状況を通し代替して彼らの挫折した夢と念願を満足させようとしたところから作られたのではないかと思うのである。

7　龍の井

『三国遺事』に記載されているコタジの話は慶州の十井に纏わる伝説と相通じるものである。また、韓国の巫歌を通して伝えられてきた軍雄神の王将軍の話もこれと類似した話の構造になっている。軍雄神は軍隊が戦争においての勝敗を管轄する神で、彼についての話は次のようである。

太古、天地の王がこの世の混沌を整理することによって天と地が平和で暮らしやすい所になったのだが、東海の竜王と西海の竜王が覇権争いをしている海の場合はそのような状態ではなかった。二人の竜王の張り詰めた接戦は果てしなく続き、狂風と怒涛により海は一隻の船も航海できない状態だった。ある日、東海の竜王が臣下たちと戦略を論じている時、いきなり「ピカッ、ドーン」と天地が振動する音が聞こえてきた。びっくりした竜王が何の音かと聞くと、海東国の王将軍が木を切り倒す音だというのだ。この話を聞いて妙案が浮かんだ竜王は王子を使いとして送り、彼を連れてくるように命じた。地上に着いた王子は海東国の東の地方で木を伐っている巨人を見つけ、彼が王将軍であることを知った。

「私といっしょに竜宮に行けば、金や宝物といっしょに高い位を授けるようにしよう」

王子の申し出を聞いて巨人は鼻で笑った。

「そんなもの、何になる。美しい妻をくれるといえば別だが！」

とうとう王子は自分の姉と結婚させてやるという約束をして王将軍を竜宮に連れて行った。二人の竜王が血みどろの闘いを繰り広げている間、隠れていた王将軍が躍り出て弓を射ると矢が正確に西海の竜王の額の真ん中を貫通した。遂に海の覇権を握った東海の竜王は大変喜んで王将軍に賞を与えるから、竜宮にある宝物の中で何でも一つだけ選んでみろといった。王将軍が机の下にある古い硯箱を指差しながらそれがほしいというと、竜王は珍しい宝物を見せながら他のものを選べと勧めた。しかし、王将軍は最後までその硯箱が欲しいと言い張った。王子がそれを選ぶように前以て耳打ちをしておいたのだ。竜王は仕方なく硯箱を王将軍に授けるしかなかった。家に戻った王将軍が硯箱を机の下においておいた。ある日、その中から美しい竜女が現れた。竜女は王将軍と結婚して息子を三人生んで竜宮に戻っていった。王将軍は三人の息子といっしょに軍雄神になった。王将軍は江南の天子国の軍雄神、三人の息子は各自、ジュニョン国、ミョンジン国、海東国の軍雄神になったといわれている。

軍雄神のストーリーは具体的な内容の面で多少差があるが、話の構造はコタジの話とほとんど同じである。筆者の考えでは『三国遺事』のコタジ説話が歳月と共に次第に変化して神格化したのが王将軍の話ではないかと思う。『黄氏夫人譚』の事例にも見られるように話の中の人物や伝説の主人公が神性を賦与されるとか、地方の守護神として死後に尊号を受けるのは良くあることだ。『孝行娘沈清』もやはり小説の中の主人公が巫歌に借用されながら神性を賦与された例である。

8 虎女

『三国遺事』に伝えられているこの話は、人間を愛した虎の純愛の姿を描いている。愛する人のためにすべてを捧げる献身的な愛の前では、人間とか動物とか区別することは何の意味もないと思われる。人間の面をつけているからといってすべてが人間といえるだろうか？ 人面獣心の人間たちが闊歩しているこの世の中で、菩薩の道を身をもって実践した虎女の姿は、私たちに真の愛は何であるかを悟らせてくれる。

韓国の変身譚の嚆矢は檀君神話に見られる熊女の話だ。人間になろうと競争していた熊と虎はニンニクと蓬だけを食べて真っ暗な洞窟の中で一〇〇日間じっと暮らしていなければならなかった。熊はこのような苦痛を乗り越えて美しい女性に変身するのに成功するが、虎は途中で放棄したために、切実に願っていた人間になれないまま永遠の獣として生きることになる。熊が熊女、また地母神に変身して天帝であるハンウン（黄雄）と結婚することによって檀君が誕生するという神話の内容は農耕民族の熊トーテム思想（Totemism：動物崇拝）を反映しているのみならず、韓国の説話と小説などに登場する変身モチーフの原型になるという点で重要な意味を持っている。

熊が主役になっている国祖神話では遠ざけられるしかなかった虎は、その代わりに民話や伝説の中で主役になった。韓国の伝説と民話の中で最もしばしば登場する動物が虎である。韓国人にとって虎は畏敬の心と共に親近感を感じさせてくれる存在として、時には山神として崇められ、ある時は悪人を懲らしめて孝行者と貞女を助ける庶民の友にもなる。『ヨンジェチョンファ（慵齋叢話）』には姜邯賛《カンカムチャン》と虎に纏わる次のような話が紹介されている。

高麗朝のヒョンジョン（賢宗）の治世、貴州で契丹を撃破して名声を上げた姜邯賛が、一時漢陽判官として赴任したことがあった。漢陽部にいる尹《ユン》から虎の出没で住民たちが多大な被害を受けているという話を聞いて姜邯賛は一人の官吏に手紙を手渡し、「明朝、北洞に行くと岩の上に年老いた僧が座っているからこの手紙を見せなさい」といった。官吏がそこに行って見ると間違いなく年老いた僧が麻の服を着て霜に濡れたまま岩の上に座っていた。彼は姜邯賛の手紙を受け取って読むと、顔色が変わり官吏に従って漢陽部に来た。

「獣の中でも賢明なお前がどうして人に害を与えるのか。五日間の内に群れを率いて他のところに去れ。これに従わない場合は皆殺しにする！」

姜邯賛の厳しい叱責を受けて、年老いた僧は慌てふためいて平身低頭した。これを見た漢陽部の尹がそのみすぼらしい年老いた僧が虎だなんてと嘲笑すると、姜邯賛は年老いた僧に「お前の本来の姿を見せてみろ」といった。その瞬間年老いた僧が轟音と共に空中に飛び上がったかと思うとあっという間に虎になった。おったまげ肝をつぶした漢陽部の尹はその場に倒れて起き上がることができなかった。姜邯賛がそのくらいにしろと命じると虎はまた年老いた僧に変わり、丁寧に頭を下げて挨拶をして去っていった。あくる日、年老いた虎が群れを率いて漢江を渡って北の方に行くのが目撃されたが、その後しばらくの間は虎による被害がなかったといわれている。

9　鳳仙花哀歌

この伝説の主人公は忠宣王《チュンソン》で、彼は太子の時だけでなく、王になった後にも元の国で長い歳月を送った悲運の王だった。彼は元の国の晋王の娘ケグㇰテジャン（薊国大長）公主と結婚して帰国した後、忠烈王から王権を継承し、二六代高麗王になった。父忠烈王とは二回も王権が変わるくらい軋轢が激しく、結局、元の国で余生を終えた。このような政治的な背景の中で胚胎された鳳仙花伝説は国を失った人民の恨みと高麗貢女の切ない愛が伽耶琴の旋律と入り混じりながらいっそう悲愴感を作り出している。そういえば日本の植民地時代に亡国の悲しみを慰めて歌った「鳳仙花」が偶然に作られたものではないような気がする。

成俔が作った『テドンヤスン（大東野乗）』には忠宣王が元の国で情を交わした女人に関する話が記述されている。

忠宣王は高麗に帰国する時、ついてこようとした愛人に蓮の花を一輪折ってあげ、別れの印とした。後日、王が彼女のことを思い出して益斎《イクジェ》、李斉賢《イジェヒョン》を使いにして彼女の元に送った。彼女は王を恋い焦がれながら飲食を絶って寝ていたが、やっとの思いで筆をとり王に詩を一篇書き送った。

「手折ってくださった蓮の花一輪、初めは生き生きと紅かったのですが、枝から離れた今は人と共にしおれていきます」

益斎はその詩を読んで胸が痛かったが王の元に戻ってはうそをついた。

「女は酒屋に戻り、若い人たちと遊んでいると言う噂を聞きましたが見つけることができませんでした」

その話を聞いて王は深く悟り、地面につばを吐いた。

歳月が流れて、益斎は王に事実を告白し、死んで償っても償いきれない罪を犯しましたといいながら彼女の詩を王に見せた。王は詩を読んで涙を流しながら次のようにいった。

「もし、その時、この詩を読んでいたらどんなことをしてでも彼女の元に戻ったであろう。そちが朕のことを思って朕を騙したのだ。真に忠誠心の篤いことだ」

成俔が書いている逸話の中の女人はもしかして鳳仙ではないだろうかという気がしてならない。事実がどうであれ忠宣王がたいへん多情多感な王であったことだけは確かなようだ。

10　兄妹岩

統営郡閑山面《ハンサン》メモㇽ島の伝説には近親相姦に対する警告がみられる。儒教的伝統が強い韓国では近親相姦は許されない畜生にも劣る廃倫行為で恥であり兄妹（または姉弟）の間はいうまでもなく、同姓同本は結婚さえも法で禁止していた。そのような社会的な風潮のせいか、韓国では兄妹岩の伝説だけでなく、近親相姦的禁忌要素を内包している伝説が多く伝えられている。

兄妹が山の峠を越えていた時、夕立が降った。妹の濡れた体を見た兄が性欲を感じてしまった。兄は森の中に入って自分の男根を切って自殺した。後で兄の死体を見た妹は、気持ちをなだめようともせず、どうして死んだのかと慟哭したという。それでその峠の名前をタㇽレコゲ（なだめの峠）と呼ぶようになった。（江原道鉄原郡タㇽレコゲ伝説）

男やもめになった父親が娘に体を要求すると、娘は山の中腹にある岩の上に立って、父親に牛の鳴き声を真似して四足で歩いて来たら体を許すといった。娘を犯すことは畜生にも劣ることだということを父親に悟らせたかったからだ。ところが、性欲に目が眩んだ父親がモウーと鳴きながら四足で歩いてくるのを見た娘は絶望のあまり岩から落ちて死んでしまった。後で娘の意味するところを悟った父親は同じく岩の上に上って三日の間朝晩泣きつづけて死んでしまった。その後、この岩を人々はソバウイ（牛岩）と呼び、そこの地名をウアㇺリ（牛岩里）と呼ぶようになった。（黄海道新渓郡牛岩里牛岩伝説）

タㇽレコゲ伝説は男妹岩と同じ男妹婚型伝説で、タㇽレ山、タㇽレ川など、これと類似した伝説が韓国の全国各地に散在している。これはかつて韓国社会でこのようなことがよく発生し、また禁忌を破った当事者たちは無人島に隔離する（男妹岩）とか、自ら命を絶たせる（タㇽレコゲ）とか、ひいては公開処刑（牛岩）したことを暗示している。集団の倫理基準を犯した異端児たちに対する過酷な審判は東洋西洋の差がない。

ギリシャ最高の悲劇と言われているソポクラテス（オイディプス王）は父王を殺し、母親と結婚するしかなかったオイディプスの悲劇的な運命を扱った作品だ。オイディプスもやはり集団の圧力から自由ではなかった。彼は王という身分でありながら自ら両目を突いて盲目になったまま、国外追放に甘んじなければならなかった。フロイトはこのような近親相姦的な欲求を人間の原初的な本能として把握して、その中でも息子が母親に持つようになる性的欲求をオイディプスコンプレックスと言った。

人間の歴史においていつから兄妹婚を禁忌視したかは分らない。しかし、世界の多くの神話は人類が姉弟の結合から始まったということを暗示しており、韓国の神話でも大洪水で世界のすべてのものが無くなってしまった後、たった二人だけ残った姉弟が結婚することによって人類の新しい歴史が始まったという話がある。

昔々、大昔、姉と弟が山葡萄を採りに高い山に登った。二人が山の頂で山葡萄狩りに夢中になっている時、雨が降り始めた。その雨は三ヶ月の間止むことなく降り続いた。姉と弟は洞窟の中で山葡萄を食べて命をつないだ。雨が止んだ後、二人はこの世で二人だけが生き残ったことを知った。人間のタネを絶えなくするために二人は決断を下さなくてはならなかった。弟は姉にいっしょに寝ることを要求し、姉は天倫を犯すことはできないと対抗した。二人は天の意思を質《ただ》すことにした。弟は臼の下の石を担いで目前の山の中腹に上っていった。姉は穴が開けられている臼の上の石を担いで後ろにある山の中腹に上って石を転がした。麓で上の石と下の石が正確に重なっているのを見て姉と弟は天の意思を確認して二人は結婚して人類の始祖となった。

これと類似した神話は中国の創生神話にも見られる。世の中を全部洗い流してしまう大洪水以後、唯一の生存者であるボㇰヒとヨワ姉弟が結婚して新しい人間の祖先になったという話だ。このような洪水姉弟婚型神話が世界のあちこちで見つけられるところから、初期の人類社会では兄妹（姉弟）婚が普遍的な慣習だったのが、後代になって社会倫理的、または生物学的（遺伝的）な次元から兄妹（姉弟）婚が禁忌視されたのではなかろうかと思われる。

Ⅱ　孝行・貞女譚

1　天が授けた孝行息子

チェ・ヌベㇰの話は『高麗史』一二一巻、列伝三四に記載されている。朝鮮時代、セジョン（世宗）の治世に編纂された『五倫行実図』をはじめとして『新東国與地勝覧』、『海東雑録』、『海東紀異』などにも収録されている韓国の代表的な孝行談である。

弱冠一五歳の少年が一人で虎に向かい、斧でその大きな虎を打殺して親の仇をうったという内容は額面どおりに受け取るのは少々無理だろう。しかし、奇跡の中心にはいつも人間の心が存在することを理解するならば、こんな話も充分に納得できるのではなかろうか。昔の人たちは、親を思う心は天を感動させ、親を思う心の前には虎も屈服すると考えた。ヌベㇰが虎を殺すことができたのも、やはり親を思う心に感動した虎がヌベㇰの斧を避けないで自ら死を選んだと考えるのが正しい解釈ではないだろうか。

孝行者ヌベㇰの本貫（氏族の祖先の発祥地）は水原だが、慶州チェ（崔）氏の分派である水原チェ（崔）氏の父チェ・サンジョが始祖となっている。後日、ヌベㇰは科挙に及第して起居舎人（高麗時代の官職の一つ）という位に就き、翰林学士にまでなったという。ヌベㇰは父の墓の横に小屋を建てて墓守をしていた時、夢の中で父親の魂が訪ねてきて親を思う心を誉めて吟じたという詩が伝えられている。

草木を押し分け、孝行者が住んでいる小屋を訪ねると
父子の情が溢れ、涙がとめどなく流れる。
毎日、土を掘ってきては墓の上を覆う
それを知っているのは天の風と名月だけであろう。
生前には孝行を、死んでは墓を守ってくれるとは

親孝行に限りがないと誰が言ったのだろうか。

親を害した虎を殺し、仇を討った事例は、この他にも晋州《チンジュ》の孝行息子クンマン（君萬）をはじめとして北青（現在の北朝鮮の咸鏡南道にある地名）孝行者の嫁の話が伝えられている。中国の伝説にも虎の首を絞めて父親の命を救った少女ヤンヒャンの故事をはじめ多くの事例がある。

2　親に代わって黄泉へ行った孝行娘

人間の本来の姿は死と直面した時に赤裸々に表れる。誰も死を避けることはできないし、誰も代わってあげることができないのが死でもある。愚かな人間は一生を富と名誉を追いかけて熾烈な闘いを繰り広げるが、そのすべてのことが単なる水の泡に過ぎないということを死を目前にして初めて悟るようになる。

仏教説話によると、私たちが日頃行う善行が冥府の倉庫に貯蔵されるという。ちょうど銀行に預金をするように私たちが他人に施した善行が冥府銀行の通帳に一つ一つ記録されていって、この世での生を終えてあの世の審判台に立った時、その通帳の内容によって次の世の生の質が決定されるという。幸いに、冥府の通帳の預金がぎっしりと詰まっているとすれば極楽行きになり、残高なしに空っぽであったり、赤字になっていたら地獄行きの列車に乗るか畜生に生まれ変わるというのである。つまり、人間が死ぬ時、もって行くことができるのは、富でも名誉でも権力でもない善行だけだということである。コ・ジュテは死を前にしてやっと自分の実体を見ることができたのである。あれ程信じ崇めていた財物も虚像に過ぎず、信じていた妻や息子の愛までが虚像であることを悟った。彼を死から救ったのは娘オンニョンの親に対する孝行の心だった。家族と社会から疎外されていた一人の少女の奇特な孝行の心が父親を生まれ変わらせ彼を罪業から救うことができたのだ。彼女を苛め、冷たく扱っていた父親のために死までも受け入れたオンニョンの孝行な心はすべてを超越して偉大な愛の典型を見せている。

金剛山の明鏡台は死んで冥府の審判台に立った時、後悔せず、生前に自分の本当の姿を見て、善良に暮らしなさいという閻魔大王の警告であるという話だ。

これとよく似たパターンの話の構造としては巫俗神話『バラ皇女』がある。シェイクスピアの戯曲『リア王』も父親に対する娘の孝行に焦点を合わせた作品である。

3　コリョジャン（高麗葬）

高麗葬は韓国の正史ではたったの一行も言及されていず、外史や伝説を通して伝えられているだけである。それにもかかわらず韓国のあちらこちらに高麗葬を暗示する地名が多く残されている。父親を殺した所という意味のサルエビ（父殺し）村、老人を捨てた所というノサ岩（老捨岩）などがそれで、高麗葬の場所と命名された所もあり、高麗葬が実際行われていたことを証明している。推測するに、年老いた両親を捨てて死なせてしまうこのぞっとする習俗が余りにも残忍で倫理的でないため、史書の記録から削除されたのではないかと思われる。

高麗葬は元来、老衰して自分一人で身動きができない老人を隊列から除去しなければならなかった遊牧民族の習俗で、韓国やモンゴル族、女真族、エスキモー、中国、日本などでも、その痕跡を見つけることができる外史、口承説話が採集されている。戦争と自然災害、飢饉と伝染病が猛威を振るうなど、生存が危機に晒される時、種族の命脈を維持するために生贄として老人か子供の一方を選ぶしかなくなる。この非情な両者択一の葛藤で老人を犠牲にしたのが高麗葬として知られた棄老俗で、子供を犠牲にするのが棄児俗だ。この伝説も蒙古丙乱と元の支配という桎梏の中でいかなる方法でも生き残らなければならなかった民族の痛恨の歴史を背景にしているのである。

愛というものは年が上のものから下の者へと注がれるといわれている。子は母親を死に追いやる立場になってしまうが、母親は死ぬ間際までひたすらに子の幸せだけを心配している。韓国の高麗葬とよく似た内容の日本映画『楢山節考』でもこれと同じような場面が出てくる。老母を山に棄てていかなければならない時、どうしても先に行けず息子が母親を抱きしめてすすり泣くと、老母は気弱になるなと言うように息子のほほを叩く。自分の死より息子の幸せをもっと心配するこの共通した母親の姿を通して私たちは母性こそ最も純粋で完全な愛の典刑《チョンヒョン》（古来から伝えられてきた法典）であることを覚えるようになる。

江原道の山間部地方で伝えられてきたこの伝説は老人を廃品のように取り扱う今日の私たちの社会の雰囲気と一脈通じるところがある。私たちもすでに老人人口の増加、認知症の問題などのような高齢化社会による後遺症を病んでいる。職場ではリストラ、早期退職などの名分で老人たちが除去されており、家庭内でさえ居場所までなくなった老人たちは養老院に送られたり、子供たちから棄てられて道端に追い出されている。いわゆる高麗葬が行われているのである。

高麗葬で七〇歳以上の老人がいなくなった高麗社会ではどんなことが起きていたのだろうか。元から送られてきたなぞなぞの問題を解いて国の危機を救った主人公は世に知られた碩学でもなく大臣でもなかった。高麗葬から逃れて隠れ住んでいた老人だった。国中の者が解けなかった問題を老母がいとも簡単に解くことができたのは、人生経験から積み上げられた智恵によって可能になったのだ。

老人は無能で使い道がないとすべて除去してしまうと、本当に住みよい世の中になるだろうか。この伝説は国家と社会を維持するためには若いエネルギーと知識も必要であるが、老人の経綸の才と智恵も必要であることを教えてくれている。

4　我が子を殺してまで孝行する（棄児俗）

韓国の伝説には棄児俗に関する話が多い。『三国史記』にも母のため子供を棄てる孝行者ソンスンの話が載っている。また、エミレの鐘の完成のため子供を捧げたという説話も伝えられている。飢饉と飢餓という状況の中で、「子供を棄てるべきか、老人を棄てるべきか」というソンスン型の葛藤は忠清道沃川地方の食蔵《シクジャン》山伝説でその脈が継がれている。食べ物を目の前にして喧嘩する姑と幼い息子、そのままにしておくとどちらかが死ぬという状況の中で葛藤した玉泉の嫁も、やはりソンスンと同じく子供の方を犠牲にすることを決心する。これは孝行をこの世で一番大切なものとして信奉していた韓国社会では必然の選択であると思われる。

朝鮮時代の粛宗の治世の人、ベ・キョンヨは父親の病気を治療するために息子を犠牲にすることを決心し、悲劇の主人公となる。ちょうどトロイ征伐のため愛する娘を生贄として捧げなければならなかったギリシャ王アガメムノンの運命を連想させる。トロイに進軍しようとしていたギリシャ連合軍の艦隊が暴風に閉じ込められ出航できずにいると、アガメムノンは娘イピゲネイアを海に投げ入れて神の呪いを解き、トロイ征伐に向かうことができた。アガメムノンは野望のため子供を犠牲にしたが、ベ・キョンヨは孝行のため子供を犠牲にしたのである。

この伝説の構造はいろんな面で『旧約聖書』の創世記篇のアブラハムとイサクの話と似ている。アブラハムは一人息子のイサクを殺してその血で神に祭祀を捧げようとしたし、ベ・キョンヨは息子ヨンイの肝を父親にあげねばならなかった。息子を自分の手で殺さなければならないこのおぞましい任務を二人とも盲目的といえるほど忠実に遂行している。アブラハムが神に対する宗教的な信念でその任務をしたとすれば、ベ・キョンヨは孝行を実践するためだった。ベ・キョンヨにはまさしく孝行が宗教だったのである。彼らの宗教的な信念は最後にはそれにふさわしい報いを受けることになる。アブラハムが祭壇にイサクを載せて刀を刺そうとした瞬間、救いの天使が現れ、ベ・キョンヨもやはり狩人の助けで危機を逃れることができた。アブラハムはイサクの代わりに羊の血で神に祭礼を行ったし、ベ・キョンヨは猪の肝を父に食べさせた。天の助けで父親が息子を殺さなければならない悲劇的な運命は解消されてハッピーエンドの結末となる。

韓国の先祖たちは人間の血や肉が病魔に打ち克つある呪術的な力を持っていると信じていたようだ。血が、そのまま生命として認識されていて、息を引き取ろうとする親を生き返らすために指をかみちぎって流れる血を口の中に注ぎこんだという記録が多く、自分の体の肉を切り取って親に食べさせたという孝行者の話もよくある。このような人肉供養の代表的な事例として孝行者ヒャンドㇰの話がある。

ヒャンドゥは新羅のキョンドゥ（景徳）王の治世の人で病弱な母に自分の太股の肉を切り取って焼いて食べさせた。その時に流れた孝行者の血が、村の前を流れている小川に注いで流れたといって、その川の名前を血が流れた川（血痕川）と呼ぶようになり、その孝行を記念して立てた孝行の石碑が今日までも伝えられている。

子供を殺してその肝を父親に食べさせようとしたべ・キョンヨの孝行はこのような人肉供養の伝統と脈を同じくしている。べ・キョンヨは慶尚北道キョンサンの人だといわれている。

5　蝶々夫人

この哀しくも美しい伝説は朝鮮時代の女性たちを束縛していた道徳律と因習の拘束がいかに過酷なものであったかを端的に見せてくれる。李圭泰《イギュテ》（執筆家）は著書『韓国民俗誌』を通してこの説話が俗称「蝶々」または「蝶の布」と称されている韓国の離婚の奇習と関係があるように思うと見解を述べながら次のように記述している。

韓国では七去之悪とか、逆家など、最悪の状況をのぞいては離婚が許されなかったので離婚文書があるわけがない。それで韓国において離婚は夫が妻を棄てる棄妻だけである。事実上、離婚状態であっても、法とか名分としては離婚は成立しなかったのである。

この抜け道のない棄妻、つまり棄てられた妻たちが密かに生き残るところがまさしくこの「蝶々」という名の離縁状だったのだ。下層階級に広がっていたこの奇習は文書でなく一つの物証だった。朝鮮の北の地方では夫が自分の上着の結び紐を取って別れる妻にやることによってその物証にした。彼女たちはその上着から取った三角形の紐を蝶々、蝶の布、別布などと俗称した。

妻を棄てる時、生活苦のため食べさせるには苦しい上、そのまま追い出しても実家へも帰れずに憐れな立場になるので、この布をちぎり取って追い出したのだ。何故かというとこの蝶々を持っている女性はそれを見せることによって再婚が黙認されたからである。

このように蝶々を持って追い出された女はだいたい実家に戻ることはない。何故かというと夫に棄てられた女を出した家は不名誉この上ないからである。韓末の慣行調査によると、この韓国版「蝶々夫人」は追い出される時、布団袋一つを背負って追い出され、夜明けのまだ陽が昇らない前に、城隍《ソンファン》堂が建っている村はずれに行ってうろついた。

朝早く城隍堂の前の林の通りで初めて会った男はこの蝶々夫人を連れて行っていっしょに暮らさなければならないという慣習のような義務が課せられていたからである。その男が賎民であれ、乞食、宿駅の雑役夫、馬子、塩売りなど、誰であれ、また、金持ちや郡の役人であれ関係なしに相手が独身であれば新婦として結婚し、既婚者ならば妾になる。女一人を拾うことができる面白い城隍堂の峠なのだ。

この記述通りとしたら、朝鮮時代の女性の人権がどのような状況の中にあったか充分に推測できる話だ。彼女たちは家畜や家具のような取り扱いを受けて夫に仕え、子供たちを養育しながら苦しい人生を過ごしたのである。ただ、女に生まれたということが罪だったのである。

筆者はこの伝説に初めて出合った時、「ウンシㇽが残した服の切れ端がどうして蝶々になって飛んでいったのだろう?」「蝶々は何を象徴しているのだろう」という疑問を拭いきれなかった。この伝説の話の中でウンシㇽが墓に吸い込まれる瞬間、そのときの状況から推し量ってほとんどウンシㇽが墓の中に入ったところでサムウォンが裾にしがみつき、それと同時に墓が閉じたと考えられる。そうであるとしたらサムウォンがしがみついたのはチョゴリ(上着)の紐でなくチマ(スカート)の裾に間違いない。結局、彼女は何が言いたくてチマの裾を残したのであろうか?

伝説の内容通りだとしたらウンシㇽは強要されたとはいうものの烈女(貞女)として模範的な生活をしたし、彼女の奇特な真心は死者まで感動させ、奇跡を起こした。彼女は死んだ後、烈女の模範として世の人の賞賛を受けただろうし、嫁ぎ先の願いどおり烈女門が建てられたことであろう。しかし、ウンシㇽが死者についていって墓の中に入ったという部分はどのように解釈すればいいのだろうか？　死人に口無し。しかし、物証は残した。すべてが道理に従って為されたのならそんな切れ端を残しておく必要はない。果たして真実は何であろうか？　蝶々の中にその秘密が含まれているのではないだろうか？

筆者は彼女が嫁ぎ先の人たちに殺されたか、そうでなければ自決を強要されて怨みを残して死んだのかもしれないと考える。烈女を輩出するということは家門の名誉であるだけでなく、国から受ける実利的な特典も多かった。そのため「烈女作り」に血眼になっていた嫁ぎ先の人たちが計画した脚本に従ってひそやかに犠牲になった可能性は充分にある。蝶々は通常人間の自由の表象で、神話や伝説の世界では白い蝶々は霊魂の形象化したものとして見做されている。そのような観点からすると、蝶々は過酷な現実の束縛の中で彼女が夢見ていた自由な生活に対する熱望で、死んでも放棄できない霊魂の渇望だったと解釈することができる。まさしく蝶々が持っている秘密は次のようなものではなかろうか。

ウンシㇽは嫁ぎ先の烈女作りプロジェクトで怨みを残して殺された。真相は隠蔽され、脚本に従って烈女の表象として美化された。彼女の死体は夫の墓に葬られた。しかし、ウンシㇽの魂まで閉じ込めることはできなかった。彼女の霊魂は自由な人生を夢見ていた生前の希望通り蝶々になって自由に青い空を舞っている。

6　烈不烈

慶南昌原郡鎮東面《チンドン》に伝えられてきた伝説を劇化した「烈不烈碑」の筋書きだ。採集した伝説自体がすでにしっかりとした話の構造を備えていたので劇化過程でプロット上の必要から少し筆を加えただけでストーリー自体に手を加えるとか変える必要がなかった。Ｅ・Ｍ・フォスターはストーリーとプロットを比較した文章で次のように述べている。

「王が死んだ。そして王妃が死んだといえばストーリーになる。王が死んだ。悲しみの余り王妃が死んだといえばプロットになる。また、王妃が死んだ。それが王の死を悲しんだ結果ということが分るまでは誰もその原因を知らなかったとすれば、その中に神秘性まで漂う高度な展開が可能なプロットになる。プロットの世界では時間的な脈絡よりは因果律の意識が強い。私たちがストーリーといえば『それで?』と聞くもので、プロットなら『どうして?』と聞くことだ」

そんな面から考えると、「烈不烈碑」は完璧なプロットの条件を備えている。けだるい梅雨の雨が降りしきる中、軒先の落水の泡、いきなり聞こえてくる安老人の豪傑笑いとその妻の疑問から始まる導入部は前述した「高度な展開が可能なプロット」としての条件を残すことなく備えていて、また導入部のそのような装置は安老人が一生隠し続けた秘密を明かすことになる背景としてストーリーの蓋然性の確保にも助けになっている。

安老人はどうして笑ったのか? その意味深長な笑いの背景は泡のような人生に対する嘲笑であり、不条理に対する嘲弄であった。しかし、正義はどんな方法を通しても結局実現する。それが天の摂理なのだ。支配層からありとあらゆる抑圧と収奪をされながらも最後まで希望を棄てずに耐えてきた強靭な庶民精神の根底にはまさしくこのような思想――いつかは天が審判してくれるだろうという期待と信頼――が敷かれている。安老人の傲慢と放心は懲罰を呼び起こす。それも固く信じていた妻によって天の審判を受けることになるのだ。

妻のジレンマは現実と名分の間の葛藤と考えてよいであろう。彼女にとっては朴氏は完全に忘れてしまった人であり、ただ前夫であったという名分だけが残っている存在である。一方、安老人は四〇年という歳月を生死苦楽を共にしてきた人生の同伴者であり、子供たちの父親である。そして変わらない愛で彼女を優しく見守っていてくれる夫で、彼女の人生そのものだといえるほど現実的な価値を持った存在なのだ。一見すると力の均衡が一方に完全に傾いている粗雑な葛藤構造のように思える。しかし、彼女が両者択一のジレンマの中で現実よりも名分を選ぶことによってストーリは逆転する。ドラマの中の主人公は平凡な人たちが選択する道を選ばないものである。ハムレットは叔父のクローディアス王の愛を受けて王位を受け継ぐ楽な道が開かれているにもかかわらずその道を選ばず、父王の復讐のために茨の道を選び、アンティゴーネもやはりクレオン王の執拗な説得と諭しにもかかわらず自分の考えを棄てないで死の道を選ぶ。安夫人もやはり名分の道を選ぶ。しかし、彼女が受ける苦痛は彼らよりももっと切迫していて深刻な次元と見做される。ハムレットとアンティゴーネは初志一貫して自分が選択した道を突き進んでいくスタイルで、自分の選択に関しての苦悩や葛藤は比較的少ない方だ。一方、安夫人はああもこうもできない両者択一の構図の中で非常に激しい内的葛藤に陥る。ハムレットとアンティゴーネの悲劇が任務遂行のための葛藤から来たものだとしたら安夫人の悲劇は選択のジレンマによるものである。安夫人はどうしようもなく名分を選んだものの、安老人の墓の前で「あなたは生きていた時も死んでからも私の夫です。あの世に行った前の夫に対する道理からどうしようもなくあなたを死に至らせることになってしまいましたが、あの世で本当のあなたの妻として生きます」と絶叫する。その絶叫の中に彼女のジレンマがよく表れている。

アリストテレスは『詩学』第七章で、悲劇の構造に対して論じながら良いドラマとは反転と発見、そして苦痛を通して観客に恐怖と同情の感情を起こさせなければならず、どこまでもよく組み込まれたプロットによる必然的な結果から得られる悲劇であってこそ観客からの本当の共感を惹き起こすことができると言った。即ち、精巧に構成されたプロットを通して事件が展開されていきながら、避けるに避けられない宿命的な破局に出くわすのが本当の悲劇だというのだ。そんな観点からみると、「烈不烈碑」は本当の悲劇になれる条件をすべて備えている。安老人の告白と共に安夫人の幸福な生活が危機に遭うことになり（反転）、今の夫が前の夫を殺した犯人であることが明らかになり（発見）、葛藤（苦痛）が深化する。そして安夫人の自殺で終わる結末もやはり必然的な帰結で、アリストテレスが言っている「避けるに避けられない宿命的な破局」に符合する。西欧的な物差しで評価しても「烈不烈碑」のプロットは完璧な枠を備えた立派な叙事構造であることは間違いない。

「烈不烈碑」が建てられた経緯を語るエピローグはこの話が伝説として昇華された過程を明らかにする一種の通過儀礼だ。現代的なドラマのプロットはクライマックスと共にすべての葛藤は解消されテーマが露出されるために結末部分での新しい葛藤や問題提起はタブーとされている。クライマックスを通して明らかになるテーマの定着と余韻を残す速やかな結末が良いプロットの要素なのである。しかし、「烈不烈碑」で最後の瞬間まで葛藤と反転が続き、故人のジレンマが社会的なジレンマとして転移される過程を通して一つの神話が誕生した。ここで私たちは一段階もっと発展したプロットの典型を発見できるのである。

孝と烈の価値観を最高の徳目として重んじていた朝鮮時代の社会で烈の強要は、特に女性たちに過酷な足枷となっていた。女性の再婚が国法で禁止されていた時代、安夫人は隣人の理解と助けで再婚することができ、それなりに幸せな人生を過ごした。それは常民であったから可能なことであった。しかし、夫の告白と共にふりかかった試練と苦痛の中で選択を余儀なくされ、どうしようもなく支配層であるヤンバン社会が規定した社会規範に従うことになる。死んだ夫のため今の夫を告発した安夫人の選択は名分を重視していた当時の支配階級のコードと一致する。ヤンバン家の道徳律と価値観から結局自由になれない朝鮮時代の庶民層の限界が感じられる場面である。しかし、安夫人はそのような規範の中に埋もれるのを拒否して自決する。前夫朴氏の妻として生き残るより、安老人の妻として死ぬ道を選んだのだ。名分の人生より本性を選んだ凄絶きわまる美しい死であった。「烈不烈」のアイロニーは人間を抑圧する社会規範と人間本性の衝突から惹き起こされる。烈不烈と類似した葛藤類型としては慶北月城郡所在の孝不孝橋に纏わる伝説がある。

7 情操の木

この話の主人公は玄風に住んでいた人でホ・セギョム（許・セギョム）の娘で名前は伝えられていず、許女とだけ知られている。当時、年は一七歳だといわれている。一説によると彼女は死なないで生き残り、手のない美女として数人の男性の羨望の的になり、筆を口で咥えて詩を書き小川に流す風流を嗜んだという。情操の木は百数年前までは残っていて、四月八日のお釈迦様の誕生日の夜には村の乙女たちが彼女を偲ぶために木の下に集まって仏の偈を合唱して灯りを掲げて群舞を舞ったという話が伝えられている。

許女以外にも慶長の役のあった当時、この土地の数多くの女性たちが貞操を守るために命を失くした。ボウンブㇰシㇽに住んでいたキㇺ・ドㇰミンの夫人であるシン氏は強姦しようとした倭兵を刀で刺し殺して自決した。彼女は倭兵の汚い手に触れたといって自分の乳房を抉り取って死んだといわれている。これとよく似た事例は数多く見つけられている。

朝鮮時代の女性は竹を割ったような真っ直ぐな貞操の表象であった。また、朝鮮時代は女性の純潔と貞操を余りにも強調し、女性を抑圧する倫理観が作り出されていた。情操の木は朝鮮時代の女性が純潔と貞操を守り抜こうとした悲惨な話の表象でもある。

8　貞女、死体の足を切る

韓国では山蔘に纏わる伝説が多く伝えられているがその中でも子供の姿をしているというトンサㇺ（童蔘、童子蔘）に関する話が特に多い。童蔘は普通の人の目には届かない神秘な領域で神霊が授けてくれて初めて出合うことができるという。童蔘の精霊は造化や変身術に秀でていた。人たちを助ける時もひどい目にあわせた後でやっと助けてくれる悪童の気質があるといわれている。この伝説でスンニョが受けた恐怖の体験は童蔘に出合うための一種の通過儀礼で、結局、彼女の夫の病気を治そうとするひとすじの真心が悪夢のような戦慄と恐怖の瞬間を克服することによって童蔘に出合う資格を持つことになったのである。

この伝説の話の構造は逃走と追跡というモチーフを活用して劇的な緊張感を最大限高めた後、観客の意表を突く反転を提示することによって幸せな結末としてまとめたハリウッド追跡劇（chase drama）の典型的なスタイルと似ている。そのため話を聞いているだけでまるで一篇の演劇や映画を見ているような恐怖と戦慄、安堵と喜悦が交叉する生々しい劇的体験を楽しむことができる。

Ⅲ　霊魂譚

1　アランの霊魂

この話は韓国では最もよく知られている伝説で、霊魂譚の特徴をよく表している。怨鬼が現れ、集団を取り締まるリーダーたちが禍を受けるということに話が発展して世間を騒がせる。そこで非凡な人物が登場して怨鬼の恨みを晴らしてあげることにより平和と安定を得られるという構造は韓国の霊魂譚の典型的なパターンである。

怨鬼は、死んだ人の魂が鬼に変わったもので、大概「無念の死」か、生きている時に叶わなかった「強い願望」が動因になっている。ハン（怨恨）を持った鬼神はある特定の人に対する嫌がらせや、その家に代々続いている呪いはもちろんのこと、一つの村の全住民に集団的に災難を蒙らせることができるほど莫大な威力を持っている。しかし、自分が直接現れてハンを晴らすとか復讐をすることは稀である。それは土俗の怨鬼のスタイルではない。韓国の怨鬼たちは直接復讐するより媒介者を通して間接的に復讐するほうをより好む。怨鬼が跋扈して災難が起きるのは、それ自体が目的というよりは媒介者を呼び入れるための手段、即ち、怨鬼の救助要請（ＳＯＳ）とみなすことができる。誰でもが媒介者になれるわけではない。イ・サンサのように豪胆で義侠心の強い人だけが怨鬼の無実の罪をそそぐ媒介者になることができるのである。

この伝説のハイライトはアランの魂が蝶々になり犯人の冠の上に羽を休める瞬間である。怨鬼の言葉を通して犯人の名前を直接聞き出すこともできるが、そんな単純な結末にしないで、魂の象徴である蝶々を登場させ、叙情性と悲壮美を内包した次元の高い結末を引き出しているのである。

記録によるとアラン（阿娘）の姓はユン（尹）氏で名前はチョンオㇰ（貞玉）、またはトンオㇰ（東玉）といい、才長けて見目麗しく学芸に優れた女性で、一六歳の時に災難にあったと伝えられている。密陽の人たちはアランの恨みにみちた死を哀悼し、節操を偲ぶために祠を建てて毎年四月の一六日に祭祀を行っている。現存しているアラン閣は一九六五年に建てられ、祠の内部にはキㇺ・ウンホ（金殷鎬：号は以堂）画伯が描いたアランの画像と彼女の位牌が奉納されている。

2 性鬼

成俔は『慵齋叢話』を通してこの話が林川郡守をした彼の義父が直接体験した事件であることを明らかにしている。事実かどうかは別として、よく似た伝説が全国いたるところで発見されるところから、生きているときに充たされなかった性に対する執念が深化されると蛇に生まれ変わるという信仰が存在していたことが推測される。蛇は交尾する時、一対がお互いに絡まりながら執拗に激烈な愛の行為をするといわれ、蛇の形が、また男性の性器を連想させる。こんなイメージから蛇を性の化身として考えるようになったのではなかろうか。

ここで、また注目されるところは林川郡守アン・ゴンが蛇を誘引するために箱の中に女の下着を敷くように指示したことだ。下着は性器に直接接触するものであるから情欲に眼がくらんだ性鬼を誘惑してなだめる呪術的な力があると信じていたようだ。韓国では村に伝染病が蔓延したり、凶事が生じると村の入り口に婦人の下着をかけて置く風習が第二次世界大戦が終わるころまで盛行していた。これもまた下着の呪術的な力を利用して悪鬼を追い出そうとしたことに起因しているのであろう。

韓国の伝説の中では、蛇以外にも、すっぽん、亀、ミミズ、ウサギなどが性鬼として登場しており、ひいては杵が性鬼と化して女色に耽溺する話も伝えられている。すっぽんや亀、ミミズのような爬虫類は伸縮屈伸する頭の様子が性器に似ていて、ウサギや杵は性行為を連想させるイメージのため性鬼という不名誉な名を付けられるようになったのではなかろうか。

3　越すに越されぬ峠

この話は慶尚南道統営郡サンヤン面にある「越すに越されぬ峠」にまつわる伝説で、ここにはかつて韓国人たちが考えていた鬼神観と復讐観がよく表れている。韓国の伝説に登場する鬼神たちは西洋の鬼神たちとは違う。隣国の日本や中国の鬼神たちとも全然違う。韓国の鬼神たちは残酷な復讐の鬼ではない。自然を征服しながら歴史を築き上げてきた西洋人たちとは違って、自然の摂理に従って自然と調和の取れた関係を維持しながら善良に暮らしてきた韓国民たちは鬼神でさえ善良な心を持つものとして描写した。たとえ怨鬼とはいえ復讐より許しや和解を求める。そしてそのハン（怨恨）が消え去ると、静かに消え去る寛大さを示す。

西洋の吸血鬼ドラキュラは鋭い糸切り歯で人間の血を飲んで生命力を維持し、その悪魔性を人間に伝染させる「悪の化身」として描写されている。しかし、韓国の伝説の中に登場する尾が九つあるという古狐の九尾狐《クミホ》は人間の肝を選って食べなければならない妖怪としての属性にもかかわらず、愛する人のために自分を犠牲にする面も見せてくれる。九尾狐はドラキュラのような「悪の化身」ではなく「愛の化身」なのである。

「越すに越されぬ峠」に登場する怨鬼は最後まで復讐を望まない。ただ日のよく当たるところに埋めてもらうことだけを願っているのである。これが復讐より和解を願い、日の当たらないところより日の当たるところを志向する鬼神の心であり、韓国人の心である。

昔、韓国人は人が死ぬとその生命は魂、鬼、魄の三つに分裂すると考えた。即ち、魂は天に昇り、魄は地に戻っていき、鬼は空中に存在するのだが、鬼は普通、位牌として迎え入れられ家に祀られる。人は死んで天、地、人、三ヶ所にわたって存在することになるわけである。これら三つのうちで鬼と魄は人間との関わりを維持しつつ子孫たちから心のこもった弔いを受けると満足して消え去っていく。つまり、魄はお墓の中で三年の祭祀を、鬼は祠堂で四代にわたる祭祀をしてもらうことによって目をつぶり成仏するのである。ところが、きちんとした弔いや祭祀をしてもらえない場合は魄と鬼は消滅せずに凝結して鬼神になる。

また、死体（屍身、魄）が日当たりの良い場所に埋められず、日陰や湿地に埋められたり、木の根のようなものに絡まれている場合にも鬼神は出現し、生きた人間に害を与えることになる。霊鬼は屍身が安らかに眠ることを願う。和やかな寝床とゆったりと休むことのできる空間を願う気持ちは死んだ者であれ生きている者であれ同じである。墓の位置を重要視する韓国の風水学にはこのような思考がその基底に敷かれているのである。

4　灰になった新婦

慶尚北道英陽郡日月山の黄氏夫人堂にまつわるこの伝説は「待つ」ことの極致を見せてくれる。結婚の初夜、誤解によって夫から捨てられた新婦は花嫁の姿で座ったまま、帰ってくることも定かでない新郎を待ち続ける。積もり積もった恋しさと果てしなく待ち続ける歳月の中でハン（怨恨）を燃焼させてきた新婦は、恋焦がれていた夫が訪ねてきて彼女の体に触った瞬間、実を結ばない花が散るように灰になってしまう。気も遠くなるように長く待ち続けた歳月、どれほど多くの期待と失望、恋しさと憎しみの感情が交錯したであろうか。最後に胸の内に積もった情とウオン（怨）とハン（恨）を残すことなくすべて燃やしきって一握りの灰と化して消えていった女人の凄絶で果ての見えない待ち続けるという世界……。このような思いは世界のどこにも見られない、韓国人の感性の世界でだけ可能な話ではなかろうかと思う。

慶尚北道英陽出身の詩人、チョ・チフン（趙芝薫）は、この悲しい伝説を素材にして「石の門」という詩を残した。

石の門

あなたの指先がそっと触っただけでも、ここに音もなく開く石の門があります。多くの人が開けようといくら気を揉んでも、堅く閉ざされてしまった石の門。その中にある石壁の欄干、一二の階段の上に今は青黒い苔まで生えました。

あなたがいらっしゃる日までずっと消えないろうそくも一本揃えました。恋しいあなたの顔がこのかすかな灯りの前に映るまでは千年が過ぎても目をつぶることのできない私の悲しい魂が見えます。長いまつげに宿ったこの二つのしずくは何でしょう。あなたが残した青い道袍《トポ》（ヤンバンが通常着用した外出用の礼服）の裾でこの涙を拭こうと思います。両頬は昔のまま桃色ですが、唇はため息のため青くなっていくのをどうしたらいいでしょうか。

数千里曲がりくねって流れていく河を渡ってきて、あなたの温かい手が私の白いうなじに触れる時、その時、私は跡形もなく一握りの埃となって消え去りましょう。暗い夜空のうつろな中天に風のように去っていく私の服の裾は涙と共にしか見ることができないでしょう。

ここに石の門があります。怨恨も恋焦がれるほどになれば、深い真心にも開かない石の門があります。あなたがいらっしゃって、また千年を座ったまま待ち続け、悲しい雨風に古びていく石の門があります。

5　処女ヘランの怨恨

妙齢になっても男女間の情欲を知らないまま、この世を去った処女の怨魂は孫閣氏《ソンカクシ》という。韓国の先祖たちは孫閣氏の呪いを最も怖れていた。処女が病気になると、まず孫閣氏の呪いではないかと疑ってかかり、孫閣氏の呪いで死んだと判明した処女は人通りの多い四つ角にこっそりと埋葬し、多くの男性がその上を歩くようにした。それが処女のままで死んだ魂の恋情を満足させることで、悪鬼になるのを防ぐ方法だと信じたためである。ひいては孫閣氏が嫉妬するのを恐れて幼い少女を早婚させる風習までできたという。如何に孫閣氏に対する恐怖が強かったかが推察できる。

江陵のアンインジン村に建てられたヘラン堂は孫閣氏の呪いをなだめるために住民たちが立てた祠堂で男女間の情欲を知らないで死んだ処女の魂を慰めるために木彫りの性器を捧げる風習があったと伝えられている。これは世界のあちこちに分布している男根崇拝（phallism）行為と同じ習俗と考えられる。原始社会で性は生殖と生産を意味し、それはまさに多産と豊穣の象徴でもある。西アフリカの土着民たちは穀物の結実のため麦畑で集団性行為をする部族儀礼があったといわれ、近隣の中国でも若い男女が麦畑の近くで性行為をすることにより豊穣な収穫を祈願したという記録が残っている。

アンインジン村の漁民たちはヘラン堂に男根の形をした木彫りの性器を捧げるというのは、これもまた性行為を象徴するもので、処女神の性的要求を満足させることにより豊穣な収穫を得ようとする漁民たちの集団無意識がその根底にある。

6　死んでも烈女（貞女）

咸鏡南道洪原《ホンウォン》郡洪原村に伝わるこの伝説は、死んだ女性の魂が妹の体に憑依して婚約者と愛を交わすという神秘的な内容の話である。良い配偶者に出会って華やかに婚礼を挙げることは、当時の女性たちが夢見る最上の幸福だった。そのため女性として生まれて嫁に行く前に死ぬと言うのは譬えようもなく恨めしく胸痛むことだと考えられた。特に、ヤムルのように待ち焦がれていた婚約者が死んだ後に訪ねて来たのである。余りにも哀れで、胸引き裂かれる悲痛な思念だったのではなかろうか？

積もり積もったハン（怨恨）は亡者の魂を呼び起こすエネルギー源となる。ヤムルの魂は妹のコップンの肉体に復活して、一年の間、婚約者であるチョンサンといっしょに新婚の喜びを満喫する。ほんの短い瞬間とはいえ女として享有できる生涯の絶頂期を味わうことができたのである。そして両親を説得して愛するチョンサンと妹コップンの縁を結んでやりこの世を去っていく。婚約者に対する道理を最後まで尽くし、彼女は微塵の未練もなしに霊界に戻って行ったのである。

憑依に関する話は古今東西を問わず存在するが、死んだ者の霊魂が生きている人間に憑依して生きていた時の望みを叶えようとする類型と、悪霊が憑依して生きている者を苦しめる類型に区分される。ヤムルの話からも分るように、韓国の話は大部分が前者の類型だ。

この伝説はストーリーの展開過程の重要な転機の部分で小品（小道具）を活用して、劇的効果を増大させているのが特徴である。

導入部――ヤムルは臨終の時、金鳳釵を一緒に棺の中に入れて埋めてほしいと懇願する。金鳳釵は婚約の印としてヤムルとチョンサンを結ぶ唯一の絆だ。ヤムルは死んでもその絆を放そうとしない。金鳳釵を通して婚約者に対する亡者の執念がどれほど執拗で強烈であるかを暗示して、後に続くストーリーに対する期待と吸引力を高めているのである。

展開部――清明の日、ヤムルの墓参りをして邸に帰って来た家族の後について彼女の魂も帰って来る。そしてチョンサンのそばを通り過ぎる時に金鳳釵をわざと落とす。亡者の神物である金鳳釵が出現することにより、あの世とこの世に別れてしまった二人の恋人が会えるだろうという期待が生じて劇的な緊張感が高まる。死んだ者と生きている者との間には厳然とした境界があり、霊魂であるとはいえ勝手にその境を崩すことはできない。そのため亡者は暗示、隠喩、象徴、謎解きなどの方法を動員して生きている人に自分の意思を伝えたり夢を通した交信を試みる。そして生きている者と直接肉体の結合を望む時は他人の肉体に憑依する。ヤムルの霊魂はまず、金鳳釵を通して自分の存在を示した後（暗示）、妹の肉体に憑依して婚約者の前に現れる。ここで金鳳釵は霊魂の帰還を知らせると同時に亡者が婚約者に送った愛情表現の象徴物といえるであろう。

結末――ヤムルの霊魂は金鳳釵を見ると両親が自分の存在を信じてくれると考え、チョンサンに金鳳釵を渡して去っていく。しかし、期待に反して金鳳釵のためにチョンサンが危機に瀕する状態に陥ると霊魂が直接両親に訴え事件を解決する。

このように小品を利用してストーリーをより濃密に吸引力を持たせる技法は現代劇のプロットや作劇術でも使わ

れるもので、この伝説が現代的な観点で見ても手の付け所のない叙事構造を持っていることを示している。

7 憑依

韓国人の先祖たちは、霊魂と肉体は分離でき、霊と肉は主従関係で肉は霊に従うようになっているため、鬼神が他人の肉体に入っていってその人を支配する憑依現象が可能だと考えた。『エキソシスト』や『オーマン』のような映画を観ると、悪霊が人間に憑依して惹き起こすぞっとするような蛮行が戦慄を覚えさせる。聖書にも鬼神に憑かれた人たちの話が度々登場する。それに比べるとここに登場する鬼神たちは非常に純真で温和な方に属する。

成俔の『慵齋叢話』に記されている話は当時の人たちが考えた鬼神観をよく表している。鬼神は下女の体に憑依して吉凶禍福を占ってくれ、そしてチョン相国が退去命令を下して鬼神が語った話を聞くと、その家に寄託して家の福を増進させようとしたことが分る。このように鬼神は人間に害を与えて災難を及ぼす存在だけでなく、吉凶禍福を知らせ、福を与える役割もするのだ。人間を神がかりにして占いをする巫俗が存続しているのはこのような思想に起因しているのではなかろうかと考える。

しかし、吉凶禍福をたやすく予知することができ、下男をたちどころに成敗することができる超能力の所有者でもある鬼神にも畏れる存在があるという点が興味深い。家の主人であり国の大臣でもあるチョン相国を鬼神はとても畏れている。鬼神はチョン相国が不在の時だけ活動し、彼が退去を命ずると一度も抗うこともできず、泣きながら追い出されていく。鬼神にはそれほどチョン相国が威圧的な存在なのである。ここには人間が尊敬し畏れる人物には鬼神もやはり尊敬し畏れるという概念が適用しているように思われる。

日本の民俗学者で、植民地時代朝鮮総督府から委託を受けて、韓国の土着的な信仰と民俗を研究した村山智順は彼の著書『朝鮮の鬼神』で、当時の朝鮮人たちの間では鬼神を追い払うために門に官印を押した紙を貼り付けたり、大官《テグァン》（大臣のこと）の名前を書いて貼り付ける方法が流行していたと記している。さらには鬼神の侵入を防ぐために一介の巡査の名前を使うこともあったという。このような習俗の裏には鬼神も官憲には屈服してしまうという朝鮮人の思想が底に流れていると村山智順は述べている。そのような観点から鬼神がチョン相国に屈服したのは官僚主義を崇拝する思想の影響だと言い、彼が相国という高い地位に就いている官吏なので鬼神が畏れて退去したと解釈している。

現在でも鬼神を退治する退魔師《テマサ》（悪魔や悪霊などを退治することを専門にしている人）は存在している。彼らは普通、宗教人であるか、そうでなければ特別な霊的能力を持っている人だと知られている。最近、鬼神を捕まえる男たちの活躍を扱った『ゴーストバスターズ』、『退魔師』などのような映画が人気を集めていて、退魔師養成所まで登場している現象を見ると霊的存在に対する人間の好奇心と畏れは昔も今も同じであるように思われる。

8　同衾証明文書

子孫が繁栄して家門が隆盛するのを望む心は人間も鬼神も同じだ。特に、韓国の鬼神たちが子孫のことを思う心は涙ぐましいものである。『東京雑記巻三』には金庾信《キムユシン》将軍の霊魂が、新羅朝廷が自分の子孫をおろそかに待遇することに対して残念に思って、もうこれ以上新羅を守る護国神の役割をしないと駄々をこねたという箇所がある。金庾信将軍のような立派な偉人も子孫のためにならば、そのように体面も考えず、人の目も気にしないようになるらしい。

京畿《キョンギ》道始興《シフン》郡のチョン氏家門に伝えられてきたこの伝説は舅の霊魂が嫁の前に現れて家門の代を継ぐ後取りを妊娠するようにし、その子が無事に育つように保護するという神秘な話である。韓国の鬼神たちが一番恐れるのは家門の代が切れて祭祀を行う人までがいなくなることだ。そのようになると鬼神も他人の祭祀のおこぼれをもらう惨めな身になるか、乞食の鬼や、物貰いの鬼に転落してうろつきまわることになる。そのため鬼神も家門の絶滅を防ぐために気を揉む訳である。

チョン進士は家門の代が切れるのを防ぐために必死だった。霊魂は嫁に新郎と同衾してそれを証明する文書をもらっておくよう念を押し、後妻に身を隠すように言ってユボクの保護者になるようにする。そしてユボク母子がチョン・ガに殺されそうになる劇的な瞬間にヨンシルを起こし、危険から身を守るようにさせる。ところが、霊魂がとった一連の処置を見ながら不可解な疑問が生じる。

霊魂は一人息子がチョン・ガに殺されるということを知って、嫁に同衾したことを証明する文書をもらっておくように頼んでおくのだが、そんなことより息子に危険を知らせ死を免れるようにしなければならないのではなかろうか。チョン・ガが犯人であることを知っている霊魂はどうしてそのような事実をヨンシルに前以て教えておかなかったのであろうか。そうしたならヨンシル母子の苦難も初めからなかったはずではなかろうか？

こんな疑問を解消するために、まず鬼神とはいえ、何でも可能な無所不為的存在ではないという点を理解しなければならない。鬼神も冥界の秩序と戒律を守らなければならない。勝手に天地の機密を漏らすとか、定められた運命に逆らう行動をすると、それは冥界の秩序を撹乱させる行為として懲罰を受けることになる。冥界の法はこの世よりもっと厳格で過酷である。そのため鬼神たちは夢に現れるなど隠密に子孫と交信したり、直接姿を現しても暗示とか、なぞなぞを投げかけて問題を自ら解いていくよう手伝う方式を取る。いわば鬼神も巧妙に法の網を避けながら子孫を助けるしかないわけだ。このような限界状況が鬼神の話の妙味をさらに面白くする要素になっている。

この伝説はいろんな面でシェイクスピアの戯曲『ハムレット』と類似した点が多い。チョン・ガが財産を狙って従兄のチョン進士を暗殺する場面は『ハムレット』でクローディアスが王位を奪い取るために兄を暗殺する場面と酷似していて（二人とも寝ている人の耳に毒薬を流し込み完全犯罪を狙った）、また、霊魂が出現して事件解決の重要な端緒を提供している点も似ている。『ハムレット』の幽霊は息子に復讐を頼み、「同衾証明文書」の幽霊は嫁に代を継ぐ方法を知らせる。状況は似ているが鬼神の対処方法が相違する。西洋の鬼神とは違って韓国の鬼神は復讐より子孫の生存と安泰をもっと心配する。こんな鬼神の価値観の相違のため『ハムレット』は残忍な復讐劇によるすべての破滅という悲劇で終わり、「同衾証明文書」は悪は自ら破滅し、主人公は勝利する幸せな結末を生むことになるのだ。

9　亡夫の慟哭

この話は江原道檜城郡で伝えられてきた伝説で、韓国の昔の人たちが描いてきた鬼神の属性がよく表れている。まず、韓国の鬼神たちは何よりも恩と怨みの関係がはっきりしている点だ。怨恨は必ず晴らさないといけないが、恩に報いることも決して忘れないのが鬼神の属性なのだ。ある意味では鬼神は敵に対する復讐よりも恩に報いる方に重みをおいているようにも思われる。少しの助けにも手厚い報いをするのが韓国の鬼神たちだ。ペㇰ・インオㇰがにせ坊主を処断するのは怨霊の怨みを晴らすこととは全然違う意味で、単純な義侠心の発露である。結果的にはヨンイの怨みを晴らすことにはなるのだが、それに対するお礼としてヨンイの霊魂がペㇰ・インオㇰに示した配慮は実に涙ぐましいものだ。

韓国の昔の人たちは、鬼神の本性は悪なるものでなく、善なるものだと信じた。本来、人を助けて幸せにする事が鬼神の属性なのだが、人間の貪欲、欲情、邪悪さが鬼神の魔性を刺激して悪なるものにすると考えたのである。次に、ヨンイの霊魂がペㇰ・インオㇰに憑いた片思いの鬼を退治するのは鬼神の世界も人間の世界と同じで優劣と序列があることを意味している。ヨンイの霊魂は片思いの鬼より優位にいる鬼神で威力の面でも片思いの鬼を圧倒していたので片思いの鬼を退治することができたのであろう。

鬼神の威力を決定するものは何であろうか?　韓国人たちは鬼神の威力は彼らが抱いている怨恨から出て、その力は怨と恨の強度に比例すると信じた。韓国の巫女たちは悔しい思いを残して死を迎えた霊魂をモㇺジュ神（巫女の体に初めに憑いた神）として祀り、チェ・ヨン（実在の将軍の名）やイㇺ・キョンオㇷ゚のような怨恨の強度が強い霊魂であればあるほど霊験もあらたかだと信じる。幼くして死んだ太子鬼や結婚できないで死んだソンカㇰシ（孫閣氏）を、特に畏れたのは怨恨が深いほどその威力も強いだろうと信じる気持ちがその底にある。そんな面で片思いで死んだ処女より痴漢に襲われて非業の死を迎えたヨンイの怨恨がもっと強くて大きいといえる。それだけに威力の面でも一段上であるという論理が成立する。

最後に鬼神は霊妙な山や宗教的な仏法の力が及ぶところを特に畏れる。ペㇰ・インオㇰは金剛山に入山した瞬間から鬼神の呪いから解き放たれる。金剛山は霊妙な山で鬼神が恐れる場所であるからだ。また、殺人を犯した下僕が無事に過ごすことができたのは僧の真似をしていたからである。たとえにせの僧とはいえ、彼が僧服を着て僧の真似をしている間は鬼神も簡単に手にかけることができない。それほど鬼神は仏法の力を畏れる。これは西洋の鬼神であるドラキュラが十字架を畏れるのと同じ考えだ。このような事実をまとめてみると、鬼神は日の当たるところを嫌がり、公明正大で豪胆な人を尊敬し、神聖な場所と宗教的な仏法の力を畏れることが分る。

この話は怨神が恩を施し、また他の怨神を退治させるという韓国の伝説としては珍しい内容の話だ。

10　鬼神の願い

再婚禁止法で女性の再婚が禁止されていた時代、若い身空で夫を亡くして未亡人になった女性たちは烈女（貞女）という見かけのいい名称の下、禁欲を強要され隠遁の人生を生きなければならなかった。そのため烈女は禁欲の戒律を実践する僧侶と同じで朝鮮時代の性倫理を代弁する象徴的な存在だった。それにもかかわらず韓国の外史や伝説には烈女の虚像と僧侶の偽善を愚弄、風刺する内容の話が非常に多い。「未亡人と僧侶」が大衆には不倫の代名詞のように印象付けられたのはこれと関係があるように思われる。道徳至上主義を標榜した朝鮮時代に最も尊敬を受けなければならない「未亡人と僧侶」が、かえって揶揄と嘲笑の対象になったのはどうしてだろうか？　表向きには破戒僧と烈女の虚構性を取り上げて揶揄しながら内心では人間の自由な欲求まで法で統治しようとした統治者たちの愚かさをあざ笑いたかったのが、その時代の一般庶民の本心だったのではなかろうか。

慶尚道のソンビたちが科挙を受けに漢陽に上がっていくには嶺南三大嶺中の一つを越えなければならないのだが、その中で秋風嶺はそう高い方ではない。しかし、前後に険しい渓谷が数里にわたってあり、樹木がうっそうとしていて真昼でも獣の唸り声が聞こえるところである。また、竹嶺は小白山の尾根が忠清道と慶尚道の間を横切って屏風のように聳え立ち、旅人が一人で越えるには大変な嶺である。秋風嶺と竹嶺の間にある聞慶のセジェ峠（竹嶺、鳥嶺とも言う）は柏の木が多いので有名だが、道が入り乱れて険しいのでは三大嶺の中で一番だといわれている。

聞慶のセジェに纏わるこの伝説は科挙に登る道中のソンビが経験する一種の冒険譚に属する。高速道路も車も無かった時代に科挙を受けに行く道は慶尚道から漢陽まで歩いていかなければならない百里の道程であり、それこそ苦難の道だった。山賊や恐ろしい獣から襲われる危険も常にあり、道中で路銀が切れた貧しいソンビたちは野宿の苦しさを味わったりした。危険を避けるためにソンビたちは群れになって出発し、旅の無聊さを慰めるために話し上手な友だちの作り話や漫談を楽しみながら旅をした。そして背負った荷物につるしたぶらぶら揺れる予備の藁草履がなくなる頃になってやっと漢陽城に着くことができたのだ。しかし、科挙に合格することがそんなにたやすいことであろうか！　ごく一部の人材だけが登用され、ほとんどが落第の苦杯をなめて寂しく帰郷の道へと向かうのだ。

科挙は朝鮮時代のほとんど唯一の人材登用門であり、個人の栄達はもちろん、家門の盛衰の如何が登科だけにかかっていたためにソンビたちは必死になって科挙に没頭するしかなかった。つまり、科挙はその時代のソンビたちの命の綱を握っていて、また足枷だったともいえるだろう。そんな強迫観念の中で、寝ても覚めても書籍と闘わなければならなかったソンビたちは科挙を目前にしてどのような想像をし、どのような夢を見たのだろうか？　その時代のソンビたちも現在の受験生のように「超人に会って試験問題を前以て知ることができたら……」というような空想を一、二度はしてみたことだろう。鬼神の助けで科挙に合格した朴書生の話は、そんな念願と夢が作り出したファンタジーではなかろうか。

Ⅳ 転生譚

1 狐の転生

済州島西帰浦と法還里《ポブファンリ》の間にヨイェムㇽと呼んでいる池があるが、もともと狐の池と呼んでいたものが、長い歳月の間に発音が変わってヨイェムㇽになったという。

敵の娘として転生して無差別の殺戮と復讐のための執拗な追跡をし続ける狐鬼の恐ろしい執念はまるでハリウッド映画『ターミネーター』を連想させる。人造人間ターミネーターは未来の人類を救う指導者を除去するよう入力されているため体全体が壊れて一握りの鉄くずになっても相手に対する追跡を止めない。ソリも同じく彼女の遺伝因子の中に前世の怨みを晴らせというメッセージが入力されているかのごとく肉親の父親を殺害し、愛する兄まで殺そうと執拗に追跡する。復讐より許しと和解を徳としている韓国の鬼神談の一般的な情緒とはまるで内容が違うとしかいえない。また、復讐のため敵の子として生まれるという設定は、この伝説以外にも叙事巫歌『降臨チャサ』と江原道の『三兄弟峰伝説』にも見られる。

この伝説は韓国の全域で採集されたクアンポ（広浦）説話としてテレビのない時代の夏の夜、蒸し暑さを追い払うための一種の納涼物として人気のある話だ。

2 業報（業因と果報）

江華郡ソンヘ面タンサンリに伝えられているこの伝説は、大変特殊で入り組んだ類型を見せている。怨みを晴らすために自分を殺した人の子供として生まれるという発想は韓国人でないかぎり誰も想像することができない世界ではないだろうか？　両親と息子の間の強固な結びつきと、親孝行の価値観が特別に強調されていた社会構造の中で、こんな奇抜な逆の発想が可能だったことに驚かざるを得ない。

韓国人は並外れて息子を愛する。息子が立派になることを一番の生きがいに思って、彼らにすべてをかけて投資する。そして年を取ると、自分の身を息子に完全に委託する。そんな循環関係が理想的な両親と息子の関係だ。親孝行の思想はまさしくそのような枠を維持するための安全装置だ。そのため、韓国人にとって息子を亡くすということは単純に現在の悲しみに留まらず、将来まで根こそぎ失ってしまう絶望、まさにそのものなのである。「夫が死ぬと地面に埋めて、息子が死ぬと胸に収める」という韓国の女性がよく言う泣き言にも見られるように、彼女たちにとって息子の死が、両親や配偶者の死よりもっと大きな重みを占めていることが分る。こういった背景の中で「息子として生まれて、最高の喜びを抱かせ、幸せの絶頂の瞬間に死ぬことで敵の胸に最大の痛みを抱かせる」という韓国式の入り組んだ類型が誕生したわけだ。この伝説は、話の構造においても優れた叙事構造を備えている。導入部で三兄弟が疑問の死を迎えるという事態が発生することによって話が反転し、閻魔王の証言を通して新しい事実が明らかになり、主人公の苦痛と共に破滅に落ち込んでいく構図はアリストテレスが言う反転と発見と苦痛という理想的な悲劇の構造と一致する。また、事件の発生過程が短く、解決過程でほとんど全体のストーリーが進められていくという点でもギリシャ劇のプロットと似ている。

この伝説の話の構造上で何よりも優れている点は、誰も想像することができない劇的な反転カードが準備されていた点である。導入部の三兄弟が死ぬ場面で、いくら伝説とはいえ余りにも荒唐無稽の設定だと感じた不満が一挙に解消する解決策の提示だった。クライマックスで作家の解決策を提示する時、必ず守らなければならない条件がある。それは何よりも、論理性と必然性を備えていなければならないという点だ。よく伝説は論理性や合理性とは関係ない世界だと考え易い。しかし、伝説であるがゆえに、かえってより論理的な説得が必要だと筆者は考える。夫を待っていた女人がいきなり石になったとしたら、いくら伝説とはいえ納得しがたい。女人の望夫石（妻が夫の帰りを待ちあぐんだあげく死んで石に化したという伝説）になるしかなかった必然性、即ち「ハン（恨）の凝固」が必要なわけだ。

　この伝説で解決策として使われた三兄弟の復讐というモチーフは前述したように韓国人の息子に対する凄然ともいえる強固な愛が背景になっているため結末部の反転が必然的な帰結として説得力を持ってくる。また、この伝説で提示される解決策が単純に事件解決の次元にだけ留まらず、その中に神秘感と感動的な驚きを内包しているという点で素晴らしいといえるだろう。

3　遊離魂

　京畿道龍仁市に伝えられているこの伝説の中には韓国人の死生観がよく表れている。この世とあの世は完全に遊離された世界ではなく、有機的な関係の中にある。つまり、この世と同じくあの世でも人間の生は繋がっているということなのだ。ただ、この世は原則というものがなく公平でないのに比べて、あの世は厳格で公明正大な世界であるということが先祖たちの信じるところであった。韓国の巫女の歌である「天地の王、ボンプリ」篇には、このような思想的な背景がよく表現されている。

　太古に天と地が開闢して万物が生じた時、太陽と月が二つずつ存在し、人間と鬼神の区別の無い混沌の極致だった。天地の王はこんな混沌を克服するために地上に降りてきて朴夫人と結婚して息子が生まれる。息子たちが成長すると天地の王は兄弟を天に呼び寄せて「世の中に太陽も二つ、月も二つで、太陽の光では人間が焼けて死に、月の光では凍死している。お前たちはこの混沌を整理しなさい！」と命じた。兄弟は天地の王が下賜した鉄の弓の矢で太陽と月を一つずつ射落とし、住み易い地上の世界を作り上げた。そして人間と鬼神を区別して、人間はこの世に、鬼神はあの世に送ることによって地上の秩序が整理された。ところが、兄の大星王は聡明で優しかったが、弟の小星王は悪智恵を使い、狡猾な性格だった。天地の王は兄の大星王にこの世を治めさせたいと願っていたが、弟の小星王の策略に陥り、遂にはこの世は小星王が治め、大星王があの世を治めることになってしまった。

というわけで、聡明な兄が治めるあの世は厳格で公明正大な社会になったが、弟が治めているこの世は、秩序がなく、不公平な社会となった。

ヤンバンと常民の身分が厳格に守られていた社会制度の中で、支配層から多大な身分上の不利益や不当な搾取をされながら苦しい生活を営むしかなかった平民たち。その平民たちの社会に対する自嘲と諦念が、この世よりあの世をかえって公明正大な社会として考えるようになったのではなかろうかと思われる。しかし、チュ・チョンソㇰの話からも分るように、韓国人の特徴は固定的な思考の枠にとらわれないで、いつもゆとりと柔軟性を見せる点である。

チュ・チョンソㇰの人生は冥府の使いのしくじりのため逆転してしまう。あの世の法がいくら厳格だといっても人間社会と同じくしくじりもあり、間違いもあるという考え、そのゆとりと融通性という通気孔がまさしく韓国人の長所なのである。余りにも澄んだ水には魚が住めないように、原理原則を押し通しすぎる乾ききった社会よりは、濁った水の中でも人情が行き交い、寛容を示す温かい社会をもっと好んだのが韓国の庶民たちの情緒であった。そのような人間愛と寛容が韓国の伝説の隅々にまでしみこんでいる。韓国の伝説に登場する九尾狐は人間の肝臓を食べなければ自分の念願を達成することができないにもかかわらず、相手が親孝行者であるということだけで命を助けてあげ、血も涙も無く、厳格な法の執行者であるはずの冥府の使いは人間の崇高な愛に感動して魂を逃がしてやり身代わりになって刑罰を受ける。このように人間でない妖怪や鬼神にまでもヒューマニズムと寛容の美徳を付与するのが、まさに韓国人の本性なのである。

チュ・チョンソㇰの話の妙味は逆転を通しての風刺性である。常民出身のチュ・チョンソㇰの人生が逆転してヤンバンの身分になるが、彼が体験したヤンバン社会の人生は考えていたような幸せな生活ではなかった。チュ・チョンソㇰにとって、そこは愛と情が無いところで偽善と見栄がすべてを支配する世界として認識されている。公平でなければならない村の役人が結局、ヤンバン側の肩を持つことによって、チュ・チョンソㇰはヤンバンの世界に強制的に編入されてしまう。しかし、チュ・チョンソㇰは常民の時の慣わしであった縄を撚ることを死ぬまで守り続け、ヤンバン社会に便乗しないで境界に生きる存在として残る。彼は冥府の使いに、たとえ贅沢な生活ができるとはいえ気苦労は常民の時より多く辛かったと告白している。そして、貧しい暮らしの中で培われる家族間の睦まじい笑い声を恋しがっている。

この伝説はヤンバンと常民、二つの人生を生きる主人公の生を対比させて被支配階級である庶民の生を擁護し、支配階級のヤンバン社会に対する痛烈な風刺と批判を加えるという対立する構造で作られている。

4 前世の願い

一度死んで、また生き返る再生や、返生、還生などの話を通して窺うことができるのは霊魂と肉体は密接な関係を持っていながら、別個の二つのものという霊肉二元の観念である。霊と肉は主従の関係で霊魂が肉体に宿っている間は生きていることで、霊魂が肉体を離れる時は死という現象が現れる。人間の生命の本体は霊魂であり、肉体はこの本体が人間的な活動をするためにしばらく借りているものである。人間の寿命というものは霊と肉が合致して生きられる期間を意味しているのである。これは天命によって定められる。

ところが、時々、寿命が尽きていなくても死ぬことがある。こんな場合、その霊はまた本来の肉体に結合して再生する。一度死んで生き返った人の話は、だいたいこのような場合に属するが、チュ・チョンソㇰの場合のように、分離していた肉体が本来の霊と合致することができない状態の時は、他の人の肉体を借りて再生したりもする。また、寿命が尽きた霊が昔の肉体を捨てて新しく創造されたほかの肉体と合致して還生することもあるが、平壌監司ユ・シㇺの話がここに属する。

このようなことを可能にするのは人間の心である。切ない思い、切実な思い、胸のうちにこめられた思い、この上なく深い思いこそがこのような奇跡を誕生させる原動力となるのである。幼い息子を亡くし、一生をただひたすらに願い続けた老母親の真心がユ・シムの還生を可能にした源泉だったのである。再生、還生の話は新羅の名将金《キム》庾《ユ》信《シン》が高句麗の占い師チュ・ナムの還生であると記述している『三国遺事』の記録をはじめとして韓国の神話、伝説に最も多く流布している話の類型に属する。

5　前世の因縁

奇跡を起こすのは高僧大徳でもなく、権力者でもなく、財産家でもない。唯一善の心、純粋で正しい心だけが奇跡を可能にする。世俗的な目でみると、チョムバギやメウォルは、物貰いや寺男をさせるしかない取るに足らない存在に過ぎない。しかし、彼らは善良な心と純粋な魂を持っていたため奇跡を起こすことができた。メウォルがチョムバギに施した小さな善行が因縁になり新しい因縁へと発展し、遂には丈六殿再建という歴史的な事業を可能にしたのである。求礼（地名：全羅南道の一地方）の華厳寺の再建に纏わるこの伝説は仏教的な輪廻観と還生説が裏づけとなっている。仏教ではすべての生命体は、果てしない輪廻の拘束の中で生・老・病・死の循環を繰り返す存在とみている。仏教界では人間の体（身）と口と心（意）がするすべての所業を業（karman）というが、すべての衆生は前世で犯した業によって次の生が決定されるという。これは自分自身が犯した行為に対する代価は必ず自分自身が償わなければならないという因果応報の思考方式と深い関連があり、人間はどうして善行を積まないといけないかに対する解答となっている。

輪廻説は古代インドから始まり、ヒンズー教と仏教に入り込んで東洋人の意識を支配する重要な思想として定着したが、東洋だけでなく古代ギリシャ時代にも、輪廻と前世を信じるオルフェウス教（紀元前六世紀にギリシャに広がった浄めの密儀宗教）と同じ宗派があり、相当数の西洋哲学者も、やはり輪廻と前世を信じていたと伝えられている。プラトンの霊肉二元論をはじめとしてニイチェの永劫回帰思想などが輪廻説の影響を受けたもので、ピタゴラスの定理で有名なピタゴラスも霊魂の不滅、輪廻、死後の応報、霊魂の浄化と救済などを重要な教理とする自分の教団を持っていたという。参考として一九八一年に行われたギャロップの世論調査によると米国人の二一パーセントが前世を信じているという。

6　犬に生まれ変わった母

輪廻の軸、還生の輪を固く信じるチベットの仏教では現世で結ばれた因縁は次の生に繋がっていくために、良い因縁でまた会うためには善行を積まないといけないと考える。また、取るに足りない動物にも魂があり、その魂も後で人間に生まれ変わって自分と会うこともあると信じるため、すべての生命を尊重する。これによると、現在の私が向かい合っている畜生やごく小さな生物も、前世では人間だったこともありうる上、私もやはり後世では畜生や虫けらとして生まれ変わることもあるというのである。

韓国の民譚や伝説には人間は生まれ変わって犬になるという話が多く伝えられている。犬は人間によくなついて仕えるだけでなく、家族の一員として考えるくらい親近感のある動物であるため、人間の次には犬に生まれ変わる可能性が高いと思われるようになるのである。したがって犬の肉を食べることを禁じる理由も、犬の還生説と無関係ではないと思われる。

仏教説話にも木蓮尊子が餓鬼地獄で苦痛を受けている母を見て、仏様にひたすら懇ろに願い、母親が犬として生まれ変わったという話がある。慶尚北道月城郡ネナㇺ面イジョ里に伝えられてきたこの伝説は仏教的な輪廻観と孝行思想が複合されて作り出された韓国の典型的な転生譚に属するといえよう。

崔常植（チェ・サンシク）

1946年慶尚南道馬山に生まれる。

中央大学芸術大学演劇映画学科卒業、中央大学新聞放送大学院卒業。

1971年 KBS ドラマプロデユーサとして入社。その後30年間 KBS でテレビドラマ「伝説の故郷」、「平凡な人たち」などを演出、ドラマの制作としては「初恋」、「明成皇后」、「冬のソナタ」などのドラマを企画した。

現在、中央大学映画科の教授として芸術大学院院長を経て、メディア公演映像大学学長に在任中。

著書：『テレビドラマ作法』（第3企画出版）、『映像で語る』（視覚と言語社）、『映画の演技探求』（中央大学出版社）など。

金順姫（キム・スンヒ）
大阪市に生まれる。関西学院大学文学部卒業。東洋大学にて『源氏物語研究』で博士学位取得。韓国外国語大学通訳翻訳大学院講師を経て、現在、梨花女子大学通訳翻訳大学院兼任教授。
著書：『源氏物語研究——明石一族をめぐって』（三弥井書店）、『日韓・韓日通訳翻訳の世界』（共著、時事日本語社）。
翻訳書：韓日；『無所有』、『梨の花が白く散っていた夜に』
日韓；『茶道と日本の美』（『柳宗悦茶道論集』）、『柳宗悦評伝（『柳宗悦　時代と思想』）、『浅川巧評伝』（『朝鮮の土となった日本人』）、『江戸の旅人たち』（『江戸の旅人たち』）など。

韓国の民話伝説

2008年9月27日　初版第1刷発行

著　者——崔 常植

訳　者——金 順姫

発行者——今東成人

発行所——東方出版㈱

〒543-0052　大阪市天王寺区大道1-8-15

Tel.06-6779-9571　Fax.06-6779-9573

印刷所——亜細亜印刷㈱

装　幀——森本良成

落丁・乱丁はおとりかえいたします。

ISBN978-4-86249-127-5